소리
혁명

4차 산업혁명 새로운 소리가 답이다

김재평 · 임영문 · 박준서

버튼북스

Contents

PROLOGUE
4차 산업혁명과 새로운 소리   9

1
4차 산업혁명은
어떤 변화를 예고하는가

산업혁명_변화는 진행 중이다   23
산업혁명은 세계를 어떻게 변화시켜왔는가   33
　세계 주요국과 4차 산업혁명:
　그들의 준비상황   44

2

미디어의 변화는
더욱 빠르고 강력해진다

미디어의 존재를 고대의 도서관에서 찾다	59
산업혁명이 가져온 미디어의 놀라운 변화들	66
미디어를 정치에 활용한 루스벨트와 히틀러	76
대한민국의 소리 미디어, 그 드라마틱한 역사	82
디스플레이 세계 전쟁의 승자는 대한민국이었다	91
디지털 미디어에 관해 궁금한 것들: 디지털 미디어 Q&A	102

3
이제 세계는
소리전쟁의 시대

사람의 소리로 사람의 마음을 움직이다   115
세계 영화 시장을 좌우한 소리의 힘   120
할리우드는 어떻게 세계를 장악할 수 있었을까   125
지난 20세기는 영상이 아닌 소리의 시대   131
    20세기 소리산업의 주요 사건:
       에디슨의 축음기에서 애플의 아이팟까지   137
우리의 지금은 디지털 미디어의 시대   144
첫 번째 소리전쟁_돌비 vs DTS   154
두 번째 소리전쟁_돌비 vs MPEG   169

4
4차 산업혁명은
새로운 소리혁명

소리산업이 선진국 진입의 열쇠다   195
극장에서 시작되는 소리혁명_세계 특허 Y축의 비밀   210
새로운 소리가 새로운 시장을 만든다   222

5
그래서
새로운 소리가 답이다

그 시작은 미디어 시장에서부터 235
MCN산업이 무섭게 성장하는 이유 245
소리가 시장을 만들고, 교육이 일자리를 만든다 251
모든 길은 4차 산업혁명으로 통한다 262
행복을 추구하는 감성소리의 시대를 연다 279

EPILOGUE

소리산업의 가능성, 그리고 대한민국 285

PROLOGUE

4차 산업혁명과 새로운 소리

4차 산업혁명이 화두다. 서로 다른 산업들이 융·복합하면서 세상의 모든 시스템이 달라지고 있다. 변화에 제대로 적응하면 살아남고, 그렇지 못하면 도태될 것이다.

해방 후 70년, 전후 60여 년간 대한민국은 어떤 나라보다 치열하게 시대의 변화에 적응해왔다. 그 결과 세계의 최빈국에서 개발도상국을 거쳐 선진국의 입구까지 도약할 수 있었다. 정말 쉬지 않고 바뀌어왔다. 그런데 이제는 변화에 적응하는 것만으론 부족하다. 변화를 주도해야만 하는 단계에 이른 것이다.

현재 우리나라는 많은 문제에 직면해 있다. 특히 일자리 문제는 심각한 수준이다. 양적으로도 부족하지만 그나마 있는 일자리들도 질적으로 기대에 못 미치는 것들이 태반이다. 일자리를 양적으로 늘리는 동시에 질적으로도 업그레이드해야 하는 이중의 문제에 직면한 것이다.

그렇다면 우리의 일자리가 양적으로도 질적으로도 만족스럽지 않은 이유는 무엇일까? 일단은 너무 빠르게 변화해온 우리나라 자체의 문제다. 세계에서 가장 가난한 후진국이 개발도상국 대열로 올라서기 위해서는 졸음을 이겨내며 더 열심히 일하는 수밖에 없었다. 제대로 된 기계 설비나 기술이 없었으니 당연한 일이다. 피와 땀, 눈물범벅의 노력으로 우리는 산업화에 성공했다. 흔히 한강의 기적이라고 이야기하는 산업사회로의 전환을 이루어낸 것이다.

1950년대와 1960년대, 오징어가 주요 수출품이던 우리나라는 1970년대와 1980년대 전 세계의 가발이나 양말을 책임지는 섬유공장 역할을 하며 산업화를 이루어냈다. 절대 빈곤에서 벗어나 개발도상국 단계에 이르자 우리는 기술을 축적하기 시작했다. 뜬눈으로 밤을 지새우며 빈손으로 싸우던 시대를 벗어나 기술이라는 무기를 들게 되었다.
 1990년대 이후 우리는 스마트폰, 반도체, 자동차, 디스플레이 등 기술 기반의 공산품으로 세계를 호령하기 시작했다. 그런데 변화가 너무나 빠르게 이루어지다보니 사회의 한쪽에는 1970년대와 1980년대의 모습이 남아 있고, 다른 한쪽에는 2000년대 이후의 새로운 모습이 펼쳐진다.

우리나라가 제조업 중심 국가라는 사실은 변함이 없지만 무엇을 제조하는가가 달라진 것이다. 대기업과 중소기업 사이의 경제적 불평등도 심각하지만 대기업 안에서도 1970~1980년대의 산업을 담당하는 자회사 또는 부서와 휴대폰/디스플레이 사업부 사이의 임금 격차가 적지 않다. 결국 문제는 산업이라는 이야기다.

초고령사회 진입과 저출산 문제도 심각하다. 의학 기술의 발전으로 사회가 노령화하는 건 전 세계적인 추세니 그렇다 쳐도 세계에서 가장 낮은 출산율은 반드시 해결해야 할 문제다.

2014년, 우리나라의 한 국회의원은 대한민국의 인구 문제를 국회입법조사처에 조사 의뢰했다. 2014년 당시의 합계 출산율 1.19명이 지속될 경우 120년 후에는 대한민국 인구가 1천만 명으로 줄어들 것이라고 한다. 그리고 2750년에는 대한민국의 인구가 한 명도 남지 않을 것이라는 결과가 나왔다. 먼 미래만 문제가 아니다. 인구가 4천만 명으로 줄어드는 건 40년도 안 남은 2056년의 일로 전망되었다. 3,000만 명, 2,000만 명, 1,000만 명으로 줄어드는 시간은 18년, 23년, 39년이 걸렸다가 500만 명, 300만 명으로 감소하는 데는 36년, 26년으로 가속화된다.

"아들딸 구별 말고 하나만 낳아 잘 기르자"고 정부가 나서서 호소해야 할 정도로 출산율이 높았던 대한민국이 어쩌다 저출산 문제로 골머리를 앓게 된 것일까? 이유는 간단하다. 지금의 삶이 행복하지 않기 때문에 자신의 2세에게 불행을 물려주기 싫기 때문이다.

UN이 2017년에 발표한 국가별 행복지수에서 우리나라는 조사대상 155개국에서 56위를 기록했다. 이 수치는 국내총생산이나 기대수명 등 우리나라에 유리한 항목이 배치되어 그나마 좋게 나온 등수다.

2017년 2월의 OECD 조사에선 32개 회원국 가운데 우리는 31등으로 거의 최하위였다. 어린이나 청소년 행복지수는 더 낮은 형편이고, 자살률 등 부정적인 조사에선 부동의 1위가 우리나라다. 오죽하면 '헬조선'이라는 자조적인 단어가 꼬리표처럼 따라붙을까? 그렇다보니 불행한 현실에서의 탈출구에 해당하는 미디어산업이 엄청나게 발전하기 시작했다. 전 세계에 한류 열풍을 일으킬 만큼 발전한, 지금도 가파르게 성장하고 있는 미디어산업을 행복사회로 전환하는 장치로 이용할 수는 없을까? 미디어산업이 비현실적인 이야기나 아이돌만 다루는 대신 현실을 뒤바꿀 수 있는 계기로 작동시킬 방법은 없을까? 그게 가능하다면, 대한민국의 행복지수를 좀 더 높일 수 있다면, 인구절벽의 문제에도 서광이 비추지 않을까?

우리나라는 다시 변화해야 한다. 너무 빠르게 변화하면서 생겨난 여러 문제들을 정리하는 심기일전의 기회가 필요하다.

4차 산업혁명은 그 기회가 될 수 있다.

'4차 산업혁명의 시대'는 전 세계의 산업 구조가 급속도로 재편되고 있다는 뜻이다. 이참에 우리나라가 세계의 신新산업 가운데 어느 한 분야의 주도권을 잡을 수 있다면, 그래서 고부가가치의 국민 먹을거리를 확보할 수 있다면, 즐거운 일자리를 창출할 수 있다면 더없이 만족스러울 것이다.

그런데 그 기회가 우리에게 다가오고 있다. 1차적으로 세계의 음향시장이 변화하고 있다. 극장, 방송, 개인 미디어 등 모든 음향 미디어의 환경이 바뀌기 시작했다. 먼저, 극장 시스템은 과거의 5.1채널 위주에서 관객을 에워싸는 듯한 입체음향(이머시브 사운드, Immersive Sound) 중심으로 변화하기 시작했다.

1990년대 이후 세계의 극장 음향 시스템은 돌비연구소와 DTS가 거의 장악한 상태였다. 극장 시스템은 홈시어터 등의 가정용 전자제품과도 연계되며 거대한 시장을 형성해왔다. 그런데 이제 5.1채널과 그 확장형인 7.1채널 등이 시장의 유통기한이 만료되면서 훨씬 복합적인 음향 시장이 만들어지고 있다.

  돌비연구소와 DTS가 각축을 벌이던 이 시장에 우리나라의 중소기업이 도전장을 던졌다. 쉽게 낙관할 순 없지만 국가적 지원과 좋은 영화 콘텐츠의 제작이 이어진다면 장밋빛 전망도 아주 불가능한 일은 아니다.

  방송 시장은 UHD 포맷에 맞춰서 재편되고 있다. 4K 등으로 대표되는 영상의 표준은 확정된 지 오래다. 많은 사람들이 UHD 영상에 매료되었다. 우리나라에선 몇 해 전부터 해외에서 제품을 구매하는 직구 열풍이 불었는데, 그 불을 붙인 대표 상품이 바로 UHD TV였다. 그런데 이미 확정된 UHD 영상표준과 달리 UHD 음향표준에 대한 고민은 훨씬 길게 이어졌다. 그리고 최종적으로 엠펙(MPEG, Moving Picture Experts Group)과 돌비연구소가 세계의 기술표준 후보로 선정되었다.

  UHD 방송의 음향표준은 북미, 유럽, 중국, 한국 등 국가와 지역에 따라 결정되는데, 북미 지역에서는 MPEG의 MPEG-H 3D 오디오와 돌비연구소의 AC-4를 공동표준으로 지정했다. 그 외의 지역들은 MPEG-H 3D 오디오를 단일표준으로 지정했거나 지정할 전망이다. MPEG-H 3D 오디오 표준화 과정에서 국내 기관들이 적극 참여하여 한국전자통신연구원(ETRI)과 삼성전자가 제안한 기술들이 표준에 반영되었다.

소리를 만드는 저작 도구도 우리나라의 기업에서 개발했다. 놀랍게도 차세대 극장 음향 시스템을 놓고 돌비연구소라는 공룡에게 도전장을 던진 소닉티어가 저작 도구의 개발자다. 더 놀라운 사실은 소닉티어가 일반 소비자용 애플리케이션이나 VR 등의 음향 솔루션도 갖추고 있다는 점이다.

이렇듯 우리나라는 세계의 기술표준 선정에서 매우 핵심적인 자리를 확보했다. UHD 방송에서도 우리나라의 역할은 아주 중요하다. 우리나라는 전 세계 UHD 방송의 시험장이 된다. 결과 여부에 따라서 전 세계의 방송 기술과 관련 산업의 주도권을 쥐게 될 수도 있다. 특히 표준 제정이 진즉에 확정된 영상과 달리 UHD 음향은 완전히 새로운 시장이 될 전망이다. 우리나라에서 차세대 극장음향 시스템과 UHD 방송음향이 제대로 안착되기만 한다면, 그 기술 인력은 세계 어디에도 없는 선구자들이 된다.

따라서 소리산업을 제대로 육성할 수 있다면 우리나라는 세계 소리 시장의 종주국이 될 수 있다. 휴대폰이나 IT 분야의 전자제품에서 우리나라는 세계 최고의 기술을 갖춰왔다. 한류 등 미디어산업에서도 우리나라는 빠르게 성장하고 있다. 이런 장점들을 뒤섞는다면 우리는 세계 소리 시장에서 분명히 주도적인 자리를 선점할 수 있다.

미디어는 전방효과를 내는 산업이다. 미디어산업에서 소리 시장의 주도권을 잡아야 한다. 미디어산업 이후 소리가 아주 중요하게 작용할 산업은 셀 수도 없다.

가장 먼저 예를 들 수 있는 건 자동차산업이다. 4차 산업혁명의 가장 빠르고 분명한 결실로 자율주행자동차를 떠올리는 전문가가 많다. 자동차가 스스로 주행한다고 해도 목적지나 속도조절 등 사람이 개입해야 할 부분은 셀 수 없이 많다. 자동차가 매스미디어 기능을 흡수하는 전장장치화되면서 사람이 제어해야 할 부분은 훨씬 더 늘어나고 있다.

예전에는 라디오 주파수와 볼륨 조절이 전부였는데, 이제는 영화를 틀거나 내비게이션을 작동하거나 영상통화를 연결하는 등 새로운 기능이 계속 추가되는 중이다. 이러한 기능을 제어하는 수단은 사람의 목소리가 될 전망이다. 명확하게 사람의 목소리를 인식하는 기술도 필요하겠지만 점차 감성까지 더해진 음향 솔루션에 대한 수요가 반드시 발생할 것이다. 이는 자율주행자동차에서 끝나는 문제가 아니다. 4차 산업혁명은 모든 산업을 뒤섞는다. 수천 가지 재료를 넣어 끓여서 수억 가지 요리를 만들어낼 텐데, 냄비를 휘저어줄 국자 역할을 바로 '소리'가 수행할 것이다.

미디어산업은 지금부터 진정한 시작이다. 전 세계의 소리를 우리 것으로 할 때 우리 사회의 많은 문제들이 해소될 것이다.

뜬눈으로 밤을 이겨내며 젊음을 저가의 노동시장에 바치는 대신 높은 부가가치를 즐겁게 만들어내는 대한민국이 열릴 것이다. 가족의 얼굴도 보지 못한 채 야근에 찌들어가고 40대 사망률 1위의 어두운 성적표를 폐기하는 새로운 대한민국이 시작될 것이다.

우리가 소리혁명으로 4차 산업혁명의 승리자가 된다면 언젠가 이렇게 회고할 날이 올지도 모른다.

'태초에 소리가 있었다'고 말이다.

1

4차 산업혁명은
어떤 변화를 예고하는가

뉴스는 물론이고 예능 프로그램에서도 4차 산업혁명이라는 단어가 쉬지 않고 등장한다. 이 새로운 단어가 이토록 강조되는 이유는 우리의 삶이 4차 산업혁명으로 인해 완전히 뒤바뀔 것이라는 기대감과 두려움 때문이다. 인간의 삶은 몇 차례에 걸쳐 대대적으로 변화했다. 신석기시대의 농업혁명으로 우리는 문명인의 삶을 시작했고, 산업혁명은 우리를 근대인으로 만들더니 어느새 현대인으로 바꾸어놓았다. 그런데 산업혁명은 마무리되기는커녕 오히려 가속화하며 더 큰 변화를 예고하고 있다. 우리 앞에 어떤 미래가 펼쳐질지 100% 정확한 모습을 예측할 수는 없다. 하지만 인류가 지금까지 지나온 길을 되짚어본다면 우리가 마주해야 할 미래의 모습을 어느 정도는 그려내 볼 수 있을 것이다.

산업혁명_
변화는 진행 중이다

　　농업혁명이 일어나기 전 원시인은 어떤 모습이었을까? 만화적인 상상 속의 원시인은 자유의 내음을 풀풀 풍긴다. 가죽옷을 입고 돌도끼를 던져 공룡을 사냥한다. 모닥불 주변에 옹기종기 모여 앉아 공룡의 고기를 뜯는다. 배가 부르면 하늘을 이불 삼아 들판을 침대 삼아 단잠에 빠진다. 멋진 모습이다. 하지만 원시인이 이런 풍경을 연출하기까진 엄청난 시간이 필요했다.

　　인류가 속한 영장류가 지구에 처음 등장한 시기는 6,500만~8,000만 년 전이다. 한참이 흘러 400만~500만 년 전에는 유인원 단계를 넘어선 초기 인류가 등장했는데, 이들에 대한 정보는 대부분 유골을 통해서 얻고 있다. 이들의 키는 1m 정도에 지나지 않았다.

2010년대 대한민국의 유아가 생후 3년에서 4년 사이에 1m를 넘어서니까 우리의 먼 조상은 유치원생보다 훨씬 작았던 것이다. 신장과 물리적인 힘은 비례할 테니 이 정도 몸집으론 공룡은커녕 어지간한 포유류에게도 대적할 수 없었다. 커다란 포유류나 파충류에겐 사냥당하지나 않으면 다행이었다.

자연스레 이들은 초식동물의 삶을 살게 되었다. 작은 벌레를 먹으면서 동물성 단백질을 일부 섭취하긴 했지만 대부분의 에너지는 나무껍질이나 각종 열매를 통해 공급받았을 것이다. 이건 그들의 두개골에서 확인할 수 있다. 초식동물이 육식동물만큼 열량을 섭취하려면 훨씬 많은 음식을 먹어야 한다. 그래서 육식동물에겐 고기를 찢어발길 날카로운 이빨 몇 개만 있으면 되지만 초식동물에겐 널찍한 어금니와 깊숙한 턱뼈가 꼭 필요하다. 엄청난 양의 식물성 식량을 갈고 부수어서 삼켜야 하는 탓이다.

구체적으로 어떤 음식을 먹었을까? 그건 알 수 없다. 우리뿐만 아니라 인류의 조상 스스로도 알지 못했다. 무엇을 먹어야 하는지 물을 만큼 그들에겐 여유가 있지 않았다. 뭐라도 먹어야 하는데, 그 무엇이 도대체 어디에 있을까? 그들의 삶을 관통하는 질문은 단순했다. 어디로 가야 하는가? 뭐라도 먹기 위해선 어디로 가야 하는가? 그것이 문제였다.

지금으로부터 약 10,000년 전까지 인류의 조상들은 그날의 일용할 양식만을 걱정하던 아주 미약한 존재였다. 오늘의 끼니를 걱정하는 데 급급했던 그들에게 내일은 너무 먼 미래였다. 저장 능력도 없었기 때문에 하루하루 생명을 연장시켜줄 그날의 식량보다 중요한 문제는 없었다. 그들은 개인으로 또는 아주 작은 그룹을 지어 살았다. 지능이나 체력 모두 내세울 만하지 않았기 때문에 사냥을 위한 무리 생활은 의미가 없었다. 숫자가 많아봐야 식량 확보만 더 어려워질 뿐이었다.

그들은 걷고 또 걸었다. 굳은살로 단단해진 발이 부르틀 때까지 걷다가 열매나무를 발견하면 달콤한 과실을 따먹으며 입과 마음의 행복을 동시에 얻었을 것이다. 그러나 그 행복의 지속 시간은 짧았다. 산딸기 비슷한 열매로 허기를 미루는 데는 한계가 있었을 것이다. 그들은 다시 잠깐의 행복을 찾아 기나긴 행군을 반복해야 했다. 작은 동물이나 물고기를 잡으면 일진이 좋은 날이었다. 하지만 그런 날은 많지 않았다.

인류의 조상은 제한적인 방법을 통해 동물성 단백질을 섭취했다. 먼저 개미나 애벌레 같은 벌레를 통해서 단백질을 공급받는 방법이 있었다. 다음으론 다른 육식동물이 먹고 남긴 고기 찌꺼기를 먹는 수도 있다. 하이에나처럼 말이다. 그런데 후자의 경우 경쟁자가 너무 많았다. 더구나 대부분의 경쟁자들은 인류의 조상보다 강했다. 다시, 하이에나처럼 말이다.

인간은 독수리나 하이에나, 까마귀 등의 2차 포식자가 떠나간

후 죽은 동물의 시신을 뒤적였다. 그곳에는 2차 포식자들이 해치우지 못한 숨겨진 고기가 남아있었다. 두개골 속의 뇌나 뼛속의 골수가 그것이다.

많은 고고학자들은 바로 이 지점에서 인류의 조상이 도구를 사용하기 시작한 이유를 찾는다. 뇌수와 골수를 뽑아내기 위해서, 두개골과 뼈를 부수기 위해서 누군가가 처음으로 돌을 들었으리라고 추측하는 것이다. 아마도 인류의 조상은 점점 더 날카로운 돌을 찾았을 것이고, 시간이 흐르면서 직접 돌을 깨서 날카롭게 만들기도 했을 것이다.

도구는 인류의 조상을 점점 더 인간에 가깝게 바꾸어놓았다. 400만~500만 년 전의 원시 인류는 1m 키에 450cc의 두뇌를 지녔다. 어느 쪽으로 보나 지금의 침팬지와 비슷하다. 그런데 도구의 사용으로 고지방 고칼로리의 동물성 단백질을 섭취하게 되면서 인간의 신장과 두뇌는 점점 커졌다.

약 300만 년 전의 호모 하빌리스는 750cc의 뇌를 가지게 되었고, 200만 년 전의 호모 에렉투스는 훤칠한 키에 뛰어난 두뇌까지 겸비한 엄친아로 변모했다. 인류 최초로 네 자리 용량인 1,000cc의 두뇌에 170cm의 장신까지 갖추었던 호모 에렉투스는 양날 주먹도끼까지 가공하며 마침내 새로운 강자로 떠올랐다.

도구의 사용은 원시 인류의 외모까지 바꾸어놓을 만큼 엄청난 변화를 불러왔다. 하지만 생활 패턴의 변화는 크지 않았다. 열매와 나무껍질, 벌레 위주의 식단에 크고 작은 동물이 추가되었을 뿐 식량을 찾아서 끝없이 떠도는 삶은 그대로였다. 그래서 구석기시대의 놀라운 혁신을 산업혁명이라고 이야기하지 않는 것인지도 모르겠다. 진짜 놀라운 변화는 신석기시대에 이루어졌다.

1차 농업혁명은 발생 시기에 따라서 '신석기혁명'이라고도 한다. 최초의 농업은 어쩌면 아주 소박하지 않았을까? 토지를 개간하거나 비료를 생산해서 살포하는 고급 농경 기술을 인류가 처음부터 지니진 못했을 것이다.

최초의 농부는 식량을 찾아 떠돌던 이들 가운데 하나였을 것이다. 그는 운이 매우 좋았고 관찰력과 판단력도 뛰어났으며 도전적이었다. 열매나무나 뿌리채소가 풍성한 강가에 도착한 것은 행운이었다. 관찰력이 뛰어난 그는 이렇게 식량이 넉넉한 곳을 서너 군데 정도 기억했고, 어느 한곳의 식량을 초토화하는 대신 서너 곳을 번갈아 다니는 방법을 생각해냈다. 낯선 장소를 찾아 평생을 떠도는 대신 서너 개의 거점을 오가다보니 자연스럽게 열매나무나 뿌리채소를 돌보게 되었을 것이다. 잎이 힘을 잃었을 때 물을 주는 소극적인 관리는 점차 들짐승으로부터 자신의 작물을 방어하는 적극적인 관리로 발전했을 듯하다. 아마도 최초의 농경은 이런 식의 관리감독에 머물렀을 것이다. 하지만 진짜 농업혁명은 이 정도 수준에서 멈추지 않았다.

인류가 처음으로 농사를 시작한 시기는 기원전 9,500~8,500년경으로 추정된다. 터키 남동부에서 이란 서부로 이어지는 소아시아의 강가에서 열매나무와 뿌리채소를 만지작거리던 인류는 기원전 9,000년경이 되면 밀의 재배에 성공한다.

기원전 6,000년경에는 인류 최초의 문명인 수메르문명이 건설되었다. 나일강 유역에서도 곧 비슷한 일이 벌어졌다. 나일강은 크게 두 줄기로 구분된다. 브룬디에서 발원한 백나일강은 르완다와 탄자니아, 우간다, 남수단을 지난다. 에티오피아의 고원에서 시작된 청나일강은 수단에서 백나일강과 합류해서 이집트를 거쳐 바다로 흘러 나간다. 가장 긴 강줄기는 그 길이가 6,600km를 넘는다. 나일강은 아프리카 대륙을 반 정도 종단하며 싣고 온 비옥한 흑토를 이집트에 토한 후 지중해의 일부가 되었다. 떠돌이 인류는 이집트의 나일강 변의 풍족한 식량에 매료되었다.

기원전 5,500년경부터 그들은 나일강 변에 자리를 잡고 식물들을 관리하기 시작했다. 원시적인 농업이 시작된 것이다. 그런데 열대 초원에서부터 온갖 영양분을 날라 온 나일강이 언제나 인자한 얼굴만 하고 있진 않았다. 7월의 나일강은 무섭게 범람하며 포만감에 젖어 단잠을 자는 원초적 농부들의 목숨을 빼앗았다. 나일강은 양날의 칼이었다. 가만히 버티기엔 두렵지만 차마 떠날 수도 없었다.

기원전 4,000년, 1,000년 넘게 물의 흐름을 관찰해온 나일강 변의 사람들은 홍수가 나는 시기와 장소를 경험으로 터득했다. 그들은 농사에 유리하게 물줄기를 끌어오고, 다시 홍수가 빠져나갈 물길을 내기로 결심했다. 하지만 치수사업은 한두 명의 힘으로 해낼 수 있는 일이 아니었다.

나일강 변의 사람들은 자연에 도전하기 위해서 모여들었다. 크고 작은 부락이 형성되었고, 물줄기의 방향을 놓고 부락과 부락 사이에 전쟁이 벌어졌다. 때로는 적대적이던 두 부락이 연합하기도 했다.

500년 동안 이어진 부락의 이합집산은 기원전 3,500년쯤이 되자 '노모스'라고 하는 원시적인 부락국가를 낳았고, 노모스는 계속된 전쟁을 통해 상이집트와 하이집트의 두 왕국으로 통합되었다. 기원전 3,100년경에 상이집트가 하이집트를 병합하면서 고대이집트의 제1왕조가 시작되었다.

산업혁명이라는 주제가 갑자기 고대 이집트의 역사로 새어나갔다. 그건 농업혁명의 결론이 이집트문명의 건설이기 때문이다. '사람이 농사를 짓기 시작했다'는 사실은 쌀이나 밀의 수확에서 끝나는 문제가 아니다. 핵심은 정착 생활을 하면서 '사람과 사람이 대단위로 커뮤니케이션하기 시작했다'는 점이다. 앞서 이야기한 것처럼 사람들은 물길을 내기 위해서 대화했고 공동체를 만들었다. 밭에 물을 대는 목적 외에도 사람들은 더 많은 사람들과 만나는 것을 원하기 시작했다.

1차 혁명기의 대표 산업은 농업이었지만 축산업이나 어업, 임업 등의 다른 산업도 함께 만들어졌다. 나일강 변의 농부와 어부는 밀과 물고기를 바꾸어 먹었을 테고, 점차 도자기와 의류 같은 고급 공산품도 교환의 대상이 되었을 것이다.

물물교환을 위한 장소에는 온갖 사람들이 모여들었다. 그 가운데는 시장을 약탈해서 일확천금을 얻겠다는 검은 마음의 소유자들도 있었다. 시장은 자연스레 방어기능을 갖춘 성(城)으로 발전했고, 전쟁의 전문가인 군인들도 발생했고, 그들을 통솔하는 리더는 영주가 되었다. 사람들의 공동체에선 함께 지켜야 할 공동체의 규범이나 양식도 만들어졌다. 이렇게 집단화된 규범과 양식을 우리는 '문화'라고 부른다.

농업혁명은 인류의 문명을 싹틔웠다. 농업혁명의 핵심은 강가에 사람들이 모여들어 단체를 이루었다는 사실이다. 이집트 밖의 다른 문명권도 비슷한 전철을 밟았다. 다른 여러 곳에서도 문명이 속속 등장했다.

기원전 3,000년경에는 서아시아의 티그리스강과 유프라테스강 사이의 메소포타미아에서는 수메르문명의 뒤를 잇는 나라들이 출현했고, 인도 북부의 인더스강역에서는 인더스문명이 만들어졌다. 중국에서도 황허 하류에 양사오문화와 룽산문화가 황허문명을 싹틔웠고, 양쯔강과 랴오허 일대에서도 독특한 문명이 태어났다. 문명은 아카드, 아시리아, 바빌로니아, 인더스의 도시국가들, 은상과 주나라 등의 국가 건설로 이어졌다.

그렇다면 문명과 국가를 태동한 농업혁명의 핵심 동력은 무엇일까? 농업기술을 포함한 과학 기술일까? 물론 고대인의 과학 기술은 놀라웠다. 고대문명은 지금의 시각으로도 풀어내기 힘든 자신만의 과학 기술을 가지고 있었다.

예를 들면, 이집트인들은 기원전 4,000년경에 이미 나일강이 1년 주기로 범람한다는 사실을 알아내어, 365일을 한 주기로 하는 역법을 만들었다. 그들은 1년을 12개의 달로 나누고, 한 달을 10일로 이루어진 3개의 큰 주로 분류했다. 큰 주는 5일 단위의 작은 주 2개의 합으로 이루어졌다. 한 해의 마지막 달은 35일로 구성해서 1년은 365일이 되었다. 이집트인은 역법만큼이나 건축에도 능통해서 엄청난 크기의 피라미드를 기하학적으로 완벽하게 건설했다. 메소포타미아인은 수에 특히 강했다. 그들은 3차나 4차 방정식까지 풀 정도로 수학을 발전시켰다. 인더스인은 그 옛날에 하수도 시설을 갖춘 계획도시를 다수 건설할 정도의 기술을 지녔다.

농업혁명은 이렇게 놀라운 성과를 냈다. 하지만 이들의 놀라운 과학, 수학, 건축학과 천문학 기술은 농업혁명을 이끌어낸 동력이 아니라 결과였다.

고대문명에는 신神으로 회자되는 천재들이 존재했다. 하지만 어떠한 천재도 혼자서 문명을 일으킬 순 없었다. 문명은 자연에 대한 수천 년의 관찰과 분석을 토대로 만들어졌는데, 아무리 뛰어난 천재도 수천 년간이나 자연을 자세히 관찰하고 정확하게 분석해내기는 힘들었다.

농업혁명의 핵심 동력은 언어와 문자였다. 뿔뿔이 흩어져서 각자의 허기만을 채우려 온종일 발품을 팔아야 했던 인류는 농업혁명을 거치면서 언어와 문자로 소통하기 시작한 것이다.

강가에서 태동한 고대문명은 물을 다스릴 수 있는가에 따라 성패가 갈렸다. 대규모 수로를 만들어낼 능력이 있을 때에만 농업혁명은 문명의 건설이라는 성공적인 매듭을 지을 수 있었다. 고립된 개인들을 하나로 이어준 언어와 문자야말로 농업혁명의 원천 기술이었던 것이다.

농업혁명을 통해 인류는 공간을 지배할 자유를 획득했다. 정착생활이 기본으로 자리 잡은 지금은 여행이나 이주를 자유라고 생각하지만 농업혁명 이전의 선대 인류는 정착과 안정의 자유를 꿈꾸며 험난한 여정을 이어가야 했다.

산업혁명은 세계를
어떻게 변화시켜왔는가

산업혁명은 18세기 영국에서 시작되어 세계로 확산된 공업혁명의 별칭이다. 증기기관을 활용해서 생산성을 높인 1760년대부터 1900년까지가 1차 산업혁명기, 전기와 내연기관을 도입하고 분업화를 정착시켜 대량 생산을 가능하게 만든 1870년대에서 1930년까지가 2차 산업혁명기로 분류된다.

영국에서 시작된 1차 산업혁명
: 1760-1900

1차 산업혁명은 영국에서 처음 일어났다. 중세 유럽에선 상공업자들이 직종별로 조합(길드, guild)을 결성했다. 조합은 조합원의 배타적인 권리를 지켜줬지만 시대의 변화에는 효율적으로 대응하지 못했다.

스웨덴에는 크리스토퍼 폴햄이라는 천재적인 기계공학자가 있었다. 1661년생인 그는 10대 초반부터 농장의 소작농이 되어 자신의 생계를 직접 책임져야 했다. 하지만 기계장치에 대한 천부적인 감각을 지녔던 그는 틈틈이 수학과 기계역학, 라틴어를 독학하고 농기계를 개량하거나 수리하며 마을에 도움을 줬다. 그의 재능을 아깝게 여긴 마을 사람들은 26세의 폴햄을 웁살라대학으로 유학 보냈다.

대학에서도 능력을 인정받은 그는 곧 광산의 배수 책임자로 발령받았다. 1697년, 37세의 폴햄은 강물을 끌어와서 수차를 돌리는 시스템을 개발했다. 그리고 이 시스템을 새로운 광산 공장에 도입했다. 스웨덴은 세계 최초로 100% 수력으로 작동하는 기계화 공장을 보유하게 되었고, 폴햄은 귀족 작위를 수여받았다. 하지만 공장은 곧 소실되었다. 기계화에 직업을 빼앗길까봐 두려웠던 노동자들의 방화 때문이었다.

폴햄은 정부의 책임자가 되어 90세로 눈을 감을 때까지 선진 기계설비 개발에 열중했다. 하지만 그의 성과가 산업 현장의 모습을 바꾸진 못했다. 조합의 격렬한 반대 때문이었다. 천재 기계공학자 한 명의 노력만으론 스웨덴을 산업혁명의 선두주자로 끌고 가기 역부족이었던 것이다.

프랑스의 상황도 비슷했다. 프랑스의 자크 드 보캉송은 정교한 기계장치 발명가로 유명했다. 그는 사람이나 오리 형태의 인형을 만들었는데, 말하고 움직이는 것은 물론 먹고 배설하기까지 할 정도였다. 30대 초반에는 기계장치들의 자동 인형극으로 큰돈을 벌기도 했다. 당시 유럽의 최첨단 산업은 실크나 모직 등의 고급 직물업이었다.

1745년, 보캉송은 프랑스 정부의 명령을 받아 수력으로 비단을 짜는 자동직조기를 개발하는 데 성공했다. 이 자동직조기가 대대적으로 배치되었다면 프랑스가 산업혁명의 원조 국가가 되었을 것이다. 하지만 실크직조 길드는 자동직조기를 불태운 후 조합원의 직업을 빼앗을 수 있는 악마의 기계를 계속 개발할 경우 보캉송을 살해하겠다고 협박했다. 보캉송은 움직이는 인형을 만들던 일상으로 돌아갔다.

영국의 조합은 북유럽이나 프랑스에 비해 힘이 약했다. 게다가 영국에서는 대농장주가 시골의 농지를 계속 합병해가고 있었다. 2차 인클로저 운동으로 토지를 잃은 농민들은 떠돌이 신세가 되어 새로운 일을 찾아야 했다. 이런 상황에서 1760년대에 하그리브스의 제니방적기와 아크라이트의 수력방적기가 개발되어 공장에 배치되었다. 떠돌이 농민들은 공장 노동자로 흡수되었다. 일부 조합원들이 공장을 습격하고 기계를 불태웠지만 입에 풀칠을 해야 하는 공장 노동자들에 맞서기엔 역부족이었다.

1782년, 제임스 와트가 증기기관을 발명하면서 변화의 물결은 되돌릴 수 없이 도도해졌다. 풍부한 석탄과 철광석 자원도 영국의 공업화를 가속했다.

영국에선 공업이 전통적인 농업 대신 중추적인 산업의 자리를 대체했다. 유통혁명도 발생했다. 증기기관으로 철도와 선박이 엄청난 물량을 싣고 움직이게 되었다. 더 이상 생산과 소비가 한곳에서 이루어질 필요가 없어졌다. 생산과 소비의 분리는 전 세계의 식민화로 이루어졌다.

프랑스, 벨기에, 네덜란드, 독일 등 영국을 따라 산업혁명에 성공한 나라들은 유럽 밖에 식민지를 건설했다. 그리고 식민지의 원자재를 스펀지처럼 흡수해서 가공한 다음 광활한 식민지 시장에 쏟아냈다.

대량 생산에 날개를 단 2차 산업혁명
: 1870-1930

2차 산업혁명은 1870년부터 1930년까지 이뤄졌다. 고대 그리스에서 정전기를 발견한 이후 인류는 전기의 정체를 늘 궁금하게 여겼다.

1차 산업혁명이 시작된 이후 과학 기술의 발전 속도도 빨라졌고 전기 연구도 이런저런 의미 있는 답을 내놓기 시작했다. 1870년대부터는 전기를 산업에 활용하는 방안이 구체화되었다.

지금도 에디슨은 초등학교 위인전의 단골 인사다. 그는 전구를 발명한 사람으로 소개되지만 사실 그의 진짜 업적은 전기를 산업에 끌어들였다는 점이다. (물론 전구 발명도 거대한 변화에 큰 역할을 했다. 그 사실을 폄하하는 건 아니다.) 전보와 전화가 등장하고 유럽과 남미에 지하철이 건설되면서 통신과 운송의 개념이 바뀌었다. 1920년대에는 세탁기도 만들어졌다.

〈나쁜 사마리아인들〉 등으로 유명한 장하준 교수는 세상의 변화에 컴퓨터보다 세탁기가 크게 기여했다고 주장한다. 여성들이 가정 안에서 벗어나 세상의 주역 가운데 한 축으로 자리 잡도록 도왔다는 것이다. 남성들도 가사 노동에서 해방되었다. 실내 배관으로 중앙난방 시스템이 구축되면서 장작 패는 일과가 사라졌다. 이렇게 집 안으로 배관이 들어온 것도 과거에는 상상할 수 없던 일이었다.

많은 남자들을 환호하게 하는 새로운 발명품도 나타났다. 내연기관으로 자동차가 등장한 것이다. 포드의 분업화는 공장 안팎의 풍경을 바꿔놓았다. 전기의 힘으로 작동하는 컨베이어벨트를 따라 노동자들에겐 서로 다른 업무가 주어졌고, 1차 산업혁명 시기와는 비교하기 힘들 만큼 대대적인 물량이 만들어졌다.

대량 생산 시대의 개막은 물자뿐만 아니라 전쟁의 규모도 키웠다. 두 차례의 세계대전을 거치는 동안 군수업체의 공장에선 총알이 빗물처럼 생산되었고, 인류는 잔혹한 죽음의 시대를 넘어야 했다.

전 세계가 두 개의 진영으로 나뉘어 총력전을 펼쳤다. 서로를 속이기 위해서 온갖 기만 작전과 복잡한 암호 체계가 만들어졌다. 그리고 그 암호를 풀기 위한 기계장치도 개발되었다. 2차 세계대전 당시 영국이 개발한 암호 해독기는 컴퓨터의 원형이 되었다.

1차와 2차, 두 차례의 산업혁명을 겪으면서 모든 것이 바뀌었다. 생산력이 향상되고 통신과 유통, 운송 기술이 개발되면서 세계는 점차 하나의 시장으로 통합되어갔다.

디지털시대로, 3차 산업혁명
: 1960-2000

3차 산업혁명은 1990년대 이후의 사건처럼 느껴지지만 1960년대에 이미 시작되었다. 3차 산업혁명의 핵심은 디지털화였다. 지역에 따라, 인종에 따라, 전통에 따라 서로 다른 언어를 사용하던 인류는 0과 1의 디지털 숫자를 새로운 공용어로 받아들였다. 물론 과정이 필요했다. 디지털 언어는 네 단계에 걸쳐 세계인에게 전달되었다.

시작은 반도체였다. 과거에는 증기에서 동력을 얻건 전기로 구동하건 결국 기계장치에 의해 모든 것이 이루어졌다. 공장의 가동은 물론 가정의 라디오도 모두 기계식이었다.

1960년대에 등장한 반도체는 기계의 시대를 전자의 시대로 전환했다. 기계장치는 아날로그 세계의 물리적인 법칙을 필요에 맞추어 재구성한 것이었다. 하지만 전자는 아날로그 세계를 아예 디지털로 재해석하는 데에서 시작한다. 사람들은 피부로 세상의 변화를 느끼지 못했지만 1960년대부터 이미 세상의 디지털화는 진행되고 있었던 것이다.

이에 따라 공장 생산 라인의 자동화가 시작되면서 공산품의 생산 단가는 줄어들었고 생산 능력은 높아졌다. 제2차 세계대전에서 패배한 후 몰락하는 듯했던 일본이 부활할 수 있었던 건, 세계의 전자 시장을 장악했기 때문이었다.

3차 산업혁명의 두 번째 변화는 1970년대에 컴퓨터가 민간 영역에 도입되면서 이루어졌다. 1960년대까지 컴퓨터는 거대한 기업용이 전부였다. 그런데 1970년대부터는 가정용 마이크로컴퓨터의 개발이 시작되었다.

1975년 빌 게이츠는 마이크로소프트를 설립했고, 이듬해에는 스티브 잡스가 애플을 창업했다. 전자계산기가 보급된 것도 1970년대였다. '가장 작은 컴퓨터'라는 전자계산기의 광고가 신문에 실렸고, 사람들은 빠르고 정확한 전자계산기에 환호했다.

3차 산업혁명을 절정으로 이끈 세 번째 무기는 인터넷이었다. 1990년대의 인터넷은 세계를 하나의 온라인으로 묶어버렸다. 컴퓨터는 로직과 알고리즘을 일상의 한 부분으로 끌어왔다.

사람들은 검색엔진에 접속해서 데이트코스와 식당을 물색했고, 공장에는 PLC(Programmable Logic Controller)에 따라 작동하는 자동화 설비가 세팅되었다. 하지만 온라인 세계와 오프라인의 물리적인 세계는 명확하게 구분되었다. 온라인에 접속하기 위해서 사람들은 정해진 장소에 자리를 잡아야 했다. 그 장소는 당연히 컴퓨터 앞이었다.

  2000년대까지도 무릎 위의 랩톱보다는 데스크톱을 사용하는 사람들이 훨씬 많았다. 정말 휴대할 만큼 가벼운 노트북 컴퓨터가 비싸기도 했지만 와이파이 등의 무선통신 인프라도 충분하지 않았기 때문이다. 그래서 사람들은 필요한 시간이면 책상 앞으로 달려가 데스크톱을 켠 다음에야 온라인 세계에 입장할 수 있었다. 데이트코스를 짜는 사람들은 자신의 방 책상에 앉아 식당 정보를 검색한 다음, 그 정보를 가지고 현실 속의 식당을 찾았다.

  그런데 스마트폰의 등장으로 언제 어디서나 온라인에 접속할 수 있게 되면서 책상 앞에서 소비해야 하는 시간은 필요 없어졌다. 1차 산업혁명이 일어나기 전까지 사람들은 자신이 태어난 고향을 벗어나기 어려웠다. 아버지에게 물려받은, 정해진 직업에 종사하며 평생을 보내야 했다.

  1차 산업혁명은 거대한 공업도시를 만들며 사람들에게 직업의 자유를 선사했다. 많은 농민들이 증기기관차를 타고 새로운 직업을 찾는 모험에 나섰다. 가까운 도시의 공장을 찾는 게 일반적이었지만 일확천금의 꿈을 안고 금광을 찾아 서부로 떠나는 모험가도 있었다.

  2차 산업혁명으로 전기가 일반화하면서 도시와 도시, 나라와 나라, 대륙과 대륙을 잇는 통신 기술이 등장했다. 상품의 생산과 유통에서 점점 지역의 구분은 의미를 잃어갔다.

  3차 산업혁명은 전 세계를 디지털 언어로 통합했다. 농업혁명부터 산업혁명까지 인류는 세상을 넓게 사용하기 위한 수단을 지속적으로 개발해왔다. 농업혁명기에는 언어와 문자를 개발했고, 산업혁명기에는 과학이라는 만국 공용어를 전파하다가 마침내 0과 1만으로 이루어진 디지털 문자로 세상을 일원화했다.

  기술의 발전은 연결과 통합의 정도를 심화시키고 있다. 그렇다면 4차 산업혁명으로 그려질 미래는 어떤 모습을 하고 있을까? 모든 산업이 시공간의 제약을 벗어나 상호작용하는 사회, 그것이 4차 산업혁명의 모습이다.

  앞서 3차 산업혁명의 마지막 단계, 모바일혁명이 온라인과 오프라인 공간을 통합한다는 이야기를 한 바 있다. 4차 산업혁명은 온라인과 오프라인의 통합을 다듬는 과정이 될 것이다. 온라인이란 현실이면서 비현실인 공간이다.

  SNS의 아이디를 예로 들어보자. 아이디는 사람 그 자체인가? 반대로, 아이디에 인격이 없다고 단정할 수 있는가?

  사람이 아니라 사물이나 사건을 예로 들어도 마찬가지다. 2018년 새해를 뜨겁게 달구었던 가상화폐는 실재하는가? 온라인 공간이 현실이면서 비현실인 이유가 여기 있다. 온라인은 구체적인 행동이나 동작이 아니라 생각에 가까운 공간이다. 물리적인 형태를 갖추진 못했지만 이론적으론 존재하는 약속 체계다. 온라인과 오프라인의 결합이란 사람들의 생각을 현실로 만드는 일이다. 전문가들은 이를 가상 물리 시스템의 구축이라고 표현한다.

4차 산업혁명의 키워드로 거론되는 기술은 다양하다. 빅데이터, 사물인터넷, 3D 프린팅, 인공지능, 생명공학, 나노 테크놀로지 등 어느 하나도 중요하지 않은 것이 없다.

빅데이터는 사람들의 생각을 거대한 틀에서 분석하는 기술이다. 사물인터넷은 인터넷의 연결 대상을 사람과 사람에서 사물로 확대한 기술이다. 3D 프린팅은 금형 등의 복잡한 준비단계 없이 사람들 개개인의 생각을 구체적인 형상으로 뽑아내는 기술이다. 인공지능은 생각하는 능력을 기계나 사물에 나누어줘서 사람의 편의를 향상하려는 기술이고, 로봇산업과도 연결된다.

4차 산업혁명이라는 거대한 틀 안에서 다양한 미래 기술들은 어떻게 조합을 이루어 인류에게 새로운 미래를 전해줄 것인가?

기술들의 결합 방식, 특히 방점을 둔 핵심 기술, 4차 산업혁명을 통해 세계 각국이 추구하는 방향은 모두 조금씩 다르다. 4차 산업혁명 앞에서 전 세계의 주요 국가들은 조금씩 다른 모습을 하고 있다. 그들이 그리는 미래가 각자의 현실에 따라 차이가 있기 때문이다. 과연 미국과 일본, 독일 등 산업혁명의 대표적인 성공 국가와 21세기 세계의 공장 역할을 하는 중국은 어떻게 4차 산업혁명에 대비하고 있을까?

세계 주요국과 4차 산업혁명
그들의 준비상황

독일의 인더스트리 4.0

독일의 산업혁명은 인더스트리 4.0을 모토로 하고 있다. 독일의 인더스트리 4.0은 4차 산업혁명의 시발점이 되었을 뿐만 아니라 변화의 방향성을 담고 있기 때문에 4차 산업혁명의 동의어로 사용되기도 한다.

독일이 다른 나라들보다 먼저 산업혁명에 나선 이유는 독일 산업이 처한 여러 문제점 때문이었다. 제2차 세계대전의 패전국인 독일과 일본은 뛰어난 기술의 제조업을 앞세워 부흥하는 데 성공했다.

일본은 전자 기술에서, 독일은 기계 공업 기술에서 특히 강한 경쟁력을 지녔다. 그러나 1990년대 이후 독일은 인건비와 에너지 비용의 동반 상승과 노후화하는 국가 인프라 시설 등의 복합적인 문제로 골머리를 앓았다. 세계 제조업의 중심이 중국과 인도 등의 저임금 국가로 이전한 데다 저출산·고령화로 숙련된 노동자가 줄어드는 상황도 국가의 지속 발전을 저해하는 요소였다.

현대경제연구원의 자료에 따르면, 세계 시장에서 독일과 중국의 제조업 부가가치 비중은 1995년에 8.9% 대 6.5%였는데, 2011년에는 6.5% 대 21%로 완전히 역전되었다.

서비스와 유통의 결합으로 아마존이나 이베이 등의 미국 기업이 공룡화하는 것도 독일에게는 위협적인 요소였다. 과거에는 독일의 뛰어난 기술로 제작된 제품은 세계 어디에서도 경쟁력을 지녔다. 하지만 점차 아마존이나 이베이 등을 통해 유통되지 않는 제품의 경쟁력은 쇠퇴하고 있었다. 많은 전문가들이 미국

인터넷 기업에 의한 독일 제조업의 종속 가능성을 경고했다. 그렇다고 산업의 4분의 1을 차지하는 제조업을 포기할 수는 없었던 독일은 그들 최고의 장점인 기술력을 극대화하는 국가 생존 전략을 마련했다.

기술 중심의 독일 국가 전략은 2006년의 하이테크 전략(HTS)에 뿌리를 둔다. 글로벌 첨단산업 강화, 산업과 과학의 긴밀한 연계, 아이디어 실현을 위한 추진력 창출의 3대 우선 과제로 시작된 하이테크 전략은 2010년에 '하이테크 2020'으로 확대된다. 하이테크 2020을 통해 독일 정부는 5대 분야의 10개 주요 프로젝트를 수행하면서 국가의 경쟁력을 강화하겠다고 발표했다. 앙겔라 메르켈 총리가 2011 하노버 산업박람회에서 발표하면서 처음 등장한 인더스트리 4.0은 독일 4차 산업혁명의 방향성을 가리키는 핵심 단어가 되었다.

10개의 주요 프로젝트 가운데 하나인 인더스트리 4.0은 기본적으로 제조업 성장 전략이다. 독일은 제조업에 정보통신 기술을 결합해서 대량 생산에서 한 걸음 발전한 맞춤형 제품 생산의 시대를 열겠다고 나섰다. 이 과정에 우리가 4차 산업혁명의 핵심 기술로 꼽는 모든 것들이 들어갔다.

인더스트리 4.0의 기준으로 만들어진 스마트공장에선 설비와 기계 사이에 자율적인 의사소통이 이루어진다. 사물인터넷이 도입된 것이다. 대량 생산 시대의 공장은 컨베이어벨트의 흐름에 따라 천편일률적인 제품들을 대량으로 생산했다. 하지만 인더스트리 4.0의 독일 공장에선 중앙의 기계 장치가 빅데이터에 기반해서 소량다품종 제품 생산 계획을 세운다. 알아서 원재료를 발주하고, 라인별로 조금씩 다른 제품을 만들어내도록 지시한다. 라인과 라인은 무인주행 화물로봇으로 연결된다. 이들끼리는 센서로 의사소통하기 때문에 충돌사고를 일으키지 않는다.

스포츠 브랜드와 백색가전업체인 아디다스와 밀레는 인더스트리 4.0을 주도하는 대표 독일 기업들이다. 이제 이들 공장은 높은 품질의 다양한 제품을 생산해서 세계 곳곳으로 직접 배송하고 있다.

인더스트리 4.0의 스마트 팩토리는 생산뿐만 아니라 점검 및 운영에도 정보통신 기술을 적극적으로 활용한다. 부품이나 기계가 고장 나기 전에 선제적으로 점검하고 수리하는 것이다. 인더스트리 4.0은 독일의 장점을 살리고 문제점을 해결하는 모범답안이 되고 있다.

미국의 첨단제조 2.0

미국의 첨단제조 2.0도 독일의 인더스트리 4.0과 비슷한 배경에서 만들어진 발전 전략이다. 20세기 초중반, 미국은 2차 산업혁명을 가장 적극적으로 주도하며 세계 최고의 경제국가로 부상했다. 제2차 세계대전 당시 미국은 유럽과 아시아에서 동시에 전쟁을 수행하면서도 엄청난 생산력으로 두 전선에서 모두 승리를 이끌어낼 수 있었다.

그러나 제2차 세계대전이 끝난 후부터 미국의 제조업은 꾸준히 쇠퇴했다. 특히, 1870년대 이래 세계의 2차 산업혁명을 이끌었고, 미국의 경제성장을 주도했던 북동부 공업도시는 1970년대 이후 몰락의 정도가 너무나 심해졌다. 자동차산업은 독일과 일본, 그리고 우리나라에 주도권을 넘겨줬고, IT산업에서도 제조업 분야는 우리나라를 포함한 아시아에 시장을 넘겨준 지 오래다. 지금도 세계 경제에서 미국 기업이 지닌 힘은 너무나 막강하지만 대부분 이윤 극대화를 핑계로 멕시코와 중국으로 공장을 이전했기 때문이다.

미국의 제조업 도시들에는 '녹슨 벨트'라는 별명이 붙었다. 녹슨 벨트의 노동자들은 일자리를 잃었고, 그 분노의 목소리가 결국 트럼프 행정부를 백악관으로 불러들였다.

물론 지금도 미국의 제조업을 무시할 순 없다. 미국의 제조업은 산업화 비율이 17%로 낮은 편이지만, 2014년의 기준으로도 21억 6,000만 유로의 부가가치를 생산할 정도로 규모 있는 경제를 실현한다. 이 수치는 27억 5,000만 유로의 중국에 이은 세계 2위 수준이다. 독일과 비교하면 미국의 생산 능력은 3배가 넘는다. 하지만 27억 5,000만 유로의 부가가치를 만들기 위해서 1억 6,000만 명이 넘는 노동력이 동원되는 중국과 달리, 미국의 제조업 인구는 1,340만 명밖에 되지 않는다. 미국 기업들이 해외로 이전하거나 고용 없는 자동화에만 집중한 결과다.

  2000년 이후 미국에선 자동차 기업들만 10만 개 이상의 일자리를 폐쇄했다. 부품 등의 공급업체까지 포함하면 50만 개의 일자리가 사라진 셈이다. 그렇다고 중국과 경쟁하기 위해서 저임금 일자리를 만들 순 없는 노릇이다. 그래서 미국 정부는 4차 산업혁명으로 산업을 완전히 재편해서 새로운 고급 일자리를 다수 창출하는 것이 목표다. 이를 위해서 미국은 독일처럼 인터넷산업 컨소시엄을 구성하겠다는 비전을 제시하고 있다.

  2016년 3월, 미국과 독일 기업은 4차 산업혁명을 함께 이끌겠다는 파트너십을 체결하기도 했다.

일본의 재흥 전략

일본의 재흥 전략은 로봇 기술을 적극적으로 활용한 일본 경제의 재활성화 전략이라고 설명할 수 있다. 일본은 전통적으로 기술 강국이었다. 로봇 기술, 빅데이터 등 4차 산업혁명의 핵심 키워드들에서 세계 어느 나라에도 뒤지지 않는 기술을 지니고 있다. 특히 로봇 기술은 압도적일 정도다. 2011년에 이미 전 세계 산업로봇의 50%를 일본에서 생산할 정도로 양적으로나 질적으로 모두 앞선 상태다.

IFR(국제로봇연맹)에 따르면, 2014년에 일본이 로봇으로 거둔 매출액은 107억 달러에 이른다. 화낙, 야스카와, 가와사키 중공업과 같은 로봇 기술 기업이 대거 포진한 일본은 로봇 간의 네트워크 구축에 투자를 아끼지 않고 있다. 2015년 5월, 일본 정부는 로봇혁명선도위원회를 발족했다.

도시바의 전임 사장인 오카무라 타다시가 위원장을 맡아, 300개가 넘는 일본의 로봇 기업들이 효율적으로 기술 교류를 하도록 지원하고 있다. 로봇혁명선도위원회는 두 가지 방향에서 로봇산업의 발전을 촉진한다. 사물인터넷과 빅데이터, 인공지능 등을 이용해서 산업 공정에 로봇 기술을 적극적으로 도입하는 것이 하나의 방향이라면, 간호나 재난 통제 분야의 로봇을 개발하고 확산시키는 것이 또 하나의 방향이다.

일본은 이미 2000년대 초반에 물범 형태의 치료용 로봇 '파로'를 개발한 바 있다. 사람의 손짓이나 목소리에 반응하고, 품에 안겨 애교를 부리기도 하는 파로는 사람과 코를 비비면서 감정을 교류한다. 밤낮은 물론 사람의 품에 안겨 있는지도 구분할 수 있다. 파로는 자폐증이나 치매환자들의 치료에 활용되고 있다. 의료계에서 치료 효과가 증명되면서 2002년에는 세계 최초의 심리치료로봇으로 기네스북에 등재되기도 했다.

소프트뱅크는 사람의 감정을 인식하는 최초의 로봇인 '페퍼'를 개발하기도 했다. 2014년 네스카페 커피숍에 직원으로 배치되어 시범 서비스를 마친 페퍼는 2015년 6월에 일반 시장에 공개되었다. 인수 비용은 198,000엔이지만, 매달 14,800엔의 유지비와 9,800엔의 수리 보험료가 추가된다. 페퍼는 공개 1분 만에 초도 물량 1,000대가 매진될 정도로 인기를 끌었다.

일본은 우리나라를 제외하면 세계 최고 수준의 저출산·고령화 문제로 고민하는 나라다. 로봇산업의 강화를 통한 4차 산업혁명 전략은 젊은 노동력이 부족한 문제에 대한 해답도 된다.

중국의 중국제조 2025

지난 20년간 중국은 엄청난 속도로 성장해왔다. 중국이 빠르고 지속적으로 경제를 발전해올 수 있던 원동력은 '세계의 공장' 역할을 해온 저비용의 공업 생산 능력이었다. 그러나 계속된 경제 발전으로 중국의 인건비도 크게 상승해서 인도나 제3세계와 비교할 때 경쟁력을 잃어가고 있다. 저비용 구조의 장점이 점점 희석되기 때문에 중국 정부는 국가의 자체 모순을 해결하기 위해 제조업 생산능력을 고급화할 필요성을 절감했다.

중국제조 2025는 이러한 배경에서 만들어진 국가 전략이다. 2015년 중국의 리커창 총리는 전국인민대표대회(전인대)에서 중국 정부의 향후 30년간 제조업 성장 목표에 대해 설명했다. 2025년까지 한국이나 독일, 일본 수준의 제조업 환경을 구축하고 품질 중심의 제조업 경제로 전환하는 것이 첫 단계다. 다음 10년간은 주요 제조업 강국과 동등하게 경쟁하는 수준을 확보하는 것이 목표다. 마지막으로 2036년부터 2045년까지 세계 제조업 국가에서 선도적인 자리를 차지하는 것이 중국의 중장기 발전 전략이라고 할 수 있다.

중국제조 2025는 4차 산업혁명에 돌입하겠다는 중국 정부의 선언이다. 중국 정부는 2016년 30억 달러의 산업 현대화 자금을 조성해서 국가 주도형 4차 산업혁명을 추진하고 있다. 중국제조 2025는 9대 과제와 10대 전략, 5대 중점 프로젝트로 구성된다. 5대 중점 프로젝트는 국가 제조업 혁신센터의 구축, 스마트 제조업 육성, 공업 기초역량 강화, 첨단장비의 혁신, 친환경 제조업 육성을 골자로 한다. 저비용 구조의 중국 제조업을 국가가 주도해서 기술 중심의 구조로 혁신하겠다는 내용임을 알 수 있다.

    중국 정부는 자국의 경쟁력이 제조업에 있음을 분명히 인식하고 있다. 중국 제조 2025는 중국의 경쟁력인 제조업을 더욱 강화할 때에만 밝은 미래를 기대할 수 있다는 중국 정부의 판단을 여실히 보여준다.

대한민국의 오늘

4차 산업혁명이라는 거대한 변화 앞에서 세계의 주요국이 취하는 자세에는 공통점이 있다. 모든 나라가 자국의 비교우위 분야를 최대한 강화하는 방안을 모색한다는 사실이다.

그렇다면 우리나라의 장점은 무엇일까? 1990년대 이후 우리나라는 반도체, 휴대폰 등 IT 하드웨어, 디스플레이 등의 전자제품, 자동차 분야에서 강세를 보였다. 제조업 바깥에선 미디어와 엔터테인먼트산업이 폭발적으로 성장했다. 현재 대한민국의 문화상품은 중국과 태국 등 아시아 시장은 물론 유럽과 러시아, 남미에 이르기까지 지구 전역에서 강력한 위상을 자랑하고 있다.

4차 산업혁명의 핵심은 '융합'과 '복합'이다. 2020년에는 500억 개의 지능형 제품들이 사물인터넷 기술을 통해 서로 연결될 전망이다. 서로 다른 제품들이 의사소통을 하려면 지금까지는 하나로 묶을 수 없던 기준들을 새로운 통합된 기준으로 통합해야 한다. 예를 들어, 조명과 음악 사이에는 특별한 연관성이 없는 것처럼 여겨졌다. 하지만 미래형 주택에선 분위기 있는 저녁식사를 위해 부엌의 조명과 음악을 연동하도록 할 수 있다. 밝은 음악이 나오면 조도를 높게 하고, 분위기 있는 음악에는 조도를 낮추는 식으로 말이다.

4차 산업혁명 시대에는 사물 사이의 기술만 융합되는 게 아니다. 기술과 예술이 어떻게 뒤섞일지도 알 수 없다. 빅데이터와 3D 프린팅과 원시적인 어업이 결합할 수도 있고, 나노 테크놀로지와 로봇산업이 육아나 정부 행정 목적으로 조합될 수도 있다. 모든 것이 연결되고, 무엇이든 자유롭게 결합하고 분해될 수 있기 때문에 하나의 상징을 내세울 수 없는 것이다.

지금 우리나라는 반도체, 휴대폰, 디스플레이, 가전 등의 전자산업과 엔터테인먼트/미디어산업에서 큰 인기를 누리고 있다. 엔터테인먼트/미디어산업과 전자산업은 지난 20세기에도 잘 융합해왔다. 비디오 플레이어의 등장과 홈비디오 엔터테인먼트 시장의 상관관계는 아주 고전적인 예다. 최근에는 게임과 컴퓨터가 고사양 시장을 함께 개척하고 있다. 앞으로는 훨씬 더 다양한 산업이 문화와 연결될 것으로 보인다.

핵심은 연결과 융합이다. 소리는 엔터테인먼트/미디어산업과 전자산업의 융합으로 시작해서, 4차 산업혁명 시대의 연결고리로 발전할 것이다. 그렇기에 4차 산업혁명 시대의 대한민국이 초국적 경쟁에서 좋은 자리를 차지하고 국민적 먹거리를 생산할 수 있는 키워드로 '소리'를 거론하는 것이다. 아마도 많은 사람들이 당황할 것이다. 소리 또는 소리와 관련된 기술이 어떻게 통합과 연결의 미래시대를 헤쳐나갈 방안이냐고 갸우뚱거릴 것이다. 하지만 미디어산업의 중요성을 알아본 후 전 세계 소리 시장의 오늘을 살펴본다면 소리산업이 왜 대안인지 이해할 수 있을 것이다.

2

미디어의 변화는
더욱 빠르고 강력해진다

콘텐츠의 생산자와 소비자를 연결하는 모든 매개체를 미디어라고 한다. 미디어에 대해서 이야기하려면 콘텐츠를 먼저 정의해야 한다. 콘텐츠는 형식적으로 부호, 문자, 음성, 음향 및 영상 등으로 구성된 자료나 정보다. 내용적으로 정의하자면 인간의 생각이나 감정을 표현한 자료나 정보라고 할 수 있다. 미디어는 콘텐츠를 담는 그릇이다. 전통적인 미디어로는 책과 편지가 있었고, 근대에는 신문과 잡지를 비롯해서 전기를 활용한 전보와 전신 등이 등장했다. 2차 산업혁명이 라디오와 TV처럼 불특정 다수를 대상으로 하는 매스 미디어를 만들어냈다면, 3차 산업혁명은 SNS 같은 양방향 미디어를 낳았다. 각각의 시대에는 시대정신에 부합하는 미디어가 존재했다. 하지만 시대와 미디어의 관계는 일방적이지 않다. 시대와 미디어는 한쪽이 밀면 다른 한쪽이 끌어주는 식으로 그 변화와 발전에 속도를 더했다.

미디어의 존재를
고대의 도서관에서 찾다

　　미디어가 존재하지 않았던 적은 단 한순간도 없다. 심지어 농업혁명이 일어나기 훨씬 전인 3만 년 전에도 인류의 조상은 프랑스의 쇼베 동굴에, 1만5천 년 전에는 스페인의 알타미라 동굴을 미디어로 삼아 벽화를 남겼다.

　　문명의 동이 튼 후 미디어는 형식적으로도 더 발전했고 내용도 훨씬 구체화되었다. 고대 메소포타미아에서는 설형문자를 새긴 진흙을 구워서 보관했다. 문서의 사실 여부를 확실하게 하기 위해서 도장을 찍는 관습도 생겼다. 이집트에선 석판과 파피루스에 상형문자를 적었고, 고대 중국에서는 거북이의 등뼈에 갑골문을 새겼다. 종이가 생겨나기 훨씬 전에도 사람들은 그 시대 수준의 미디어를 개발했다.

　　고대문명의 미디어는 신의 목소리를 담았다. 대대적으로 물길을 내는 관개사업을 하려면 관련된 부족민이나 국민에게 정당성을 인정받아야 했다. 신의 목소리는 거대한 역사에 정당성을 부여했다.

그래서 고대의 미디어는 신화를 담았다가 어느 수준에 이르면 법이나 정치 체계를 나르는 도구로 변화한다. 과거에 미디어를 수집하는 문서기록원은 도서관이었다. 점토판이나 양피지 문서를 빼곡하게 보존한 도서관은 사회 통합과 발전의 구심점이었다.

고대국가가 국력을 쏟아붓는 주요 사업은 두 가지였다. 하나는 '정복'이었고, 다른 하나는 '도서관의 건설'이었다. 인쇄 시스템은 고사하더라도 종이처럼 가볍고 편리한 물품이 개발되기 이전의 '책'은 엄청난 고가품이었다. 문맹률이 높았던 고대에 글자를 아는 사람은 최고급 인력에 속했다.

국가의 최고 인재가 몇 날 몇 달 동안 책상에 쪼그리고 앉아서 손으로 옮겨 적은 책의 가치는 지금으로선 상상하기도 힘든 것이었다. 그렇게 귀한 책을 대대적으로 구비하기 위해서는 정부의 집중투자사업 결정이 필수였다. 고대 도서관의 구체적인 모습을 현재로선 정확히 알 수 없다.

도서관을 만든 구체적인 이유와 어떤 책들을 주로 수집했는지 그리고 누가 주된 이용자였는지는 밝혀지지 않았다. 그래도 고고학적 증거들은 기원전 2,700년경에는 이미 메소포타미아에 도서관이 만들어졌다고 알려준다. 메소포타미아 지역에서는 1960년대까지만 50만 점이 넘는 점토판이 발굴될 정도로 기록문화가 발전했다.

이 자료들에 따르면 초기 도서관은 신전의 부속 시설로 건립되었다. 점토판도 신에게 바치는 곡물이나 짐승의 양을 다룬 것이 많았다. 그러나 점차 도서관의 관리 주체가 왕궁으로 바뀌고, 점토판도 법과 제도를 기록한 것들이 많아졌다. 대표적인 사례로는 우르남무 왕궁도서관을 들 수 있다. 이곳에선 '우르남무 법전'과 '길가메쉬 서사시' 등의 점토판이 발굴되었다.

우르남무 법전보다 귀에 익은 건 300년 정도 이후에 만들어진 함무라비 법전일 것이다. 함무라비의 법전은 바빌론을 제국으로 성장하게 만든 기틀이 되었다. 바빌론 제국의 첫 황제인 함무라비는 282개 조항으로 이루어진 법안을 점토판에 새겼다. 법안은 "눈에는 눈, 이에는 이"의 동일 복수의 원칙만 담고 있지 않다. 왕령으로 남부 농업지대의 토지를 사람들에게 분배하고, 정부가 수리관개 기술을 발전시키는 한편, 농민들에게 부역과 군역, 납세의 의무를 지우는 당대의 사회 원칙이 점토판에 새겨졌다.

메소포타미아에는 숫자와 수학에 관련된 점토판도 매우 많이 발굴되었다. 숫자를 나르는 미디어는 상업의 발전을 불러왔다. 메소포타미아 지역의 국가들은 지속적인 정복전쟁에 시달려야 했지만 안정기에는 활발하게 교역을 한 것으로 유명하다. 신전도서관과 왕궁도서관의 미디어들은 그 지역의 사람들이 같은 방향을 보고 나아갈 수 있도록 정신적으로 통합해주는 역할을 수행했다.

중국의 갑골문도 다르지 않다. 기원전 1,300년경 중국 은나라에서는 국가 정책을 결정하기 전에 그 내용을 거북이 등뼈에 새겨 구운 후 갈라진 모양으로 하늘의 뜻을 점치는 전통이 있었다. 갑골문은 뼈에 새겨진 글자로 한자의 원형이 되었다. 그 갈라진 모양을 분석하며 정부 사업의 정당성 여부를 확인했다.

고대 도서관의 정점은 기원전 288년 이집트의 한 도시에 세워졌다. 마케도니아의 알렉산더 대제는 눈에 보이는 모든 문명을 정복하며 자신의 도시 '알렉산드리아'를 건설했다. 알렉산드리아는 70곳에 이르렀다고 하는데, 아시아와 아프리카 곳곳에 만들어진 알렉산드리아는 최소한 30개가 넘었다. 그 가운데 가장 유명한 알렉산드리아는 이집트의 항구도시였다.

알렉산더 대제에게 이집트의 통치를 위임받은 부관 프톨레마이오스 1세는 "지구의 모든 민족의 모든 책을 모으라"는 무지막지한 명령을 내렸다. 그리스를 비롯한 유럽, 중동, 인도에 이르기까지 구할 수 있는 모든 자료의 수집이 이루어졌다. 그리고 알렉산드리아의 도서관에 비치되었다. 그 양은 양피지로 70만 두루마리 정도였다. 한 두루마리에는 약 160권 분량의 문서를 기록할 수 있다고 하니, 알렉산드리아 도서관은 1억 권이 넘는 책을 구비한 셈이었다.

안타깝게도 알렉산드리아 도서관은 로마와의 전쟁으로 몇 차례나 불길에 휩싸였다가 3세기경에는 완전히 소실되었다. 그러나 책을 모으고 필사하는 과정에서 헬레니즘은 그리스로, 로마로, 사방으로 퍼져나갔다. 로마가 제국으로 전환한 후에는 성서가 가장 중요한 미디어로 작동했다. 고대 그리스와 로마는 다른 나라의 신화에 관대했다. 심지어 멋진 신화가 있으면 아예 신을 수입해서 현지화하기도 했다.

그리스신화의 신들 대부분은 이집트신화에 뿌리를 두고 있다. 로마는 다시 그리스의 신들을 자신들의 신으로 받아들였다. 이집트의 오시리스가 그리스에서는 제우스로 변했다가 로마에서는 주피터로 추앙받는 식이었다. 신화와 신화를 담은 기록물은 지중해 세계를 통합하는 데 중요한 역할을 했다. 신은 많으면 많을수록 좋았다.

그런데 전혀 새로운 주장이 나타났다. 신은 오직 하나뿐이며, 유일신 이외의 신들은 모두 우상이라는 것이었다. 제국의 외곽에서 유대인들끼리 그들의 믿음을 유지하는 것까진 괜찮았다. 하지만 일신교 체제가 로마제국의 안쪽으로 퍼져나가는 건 참기 힘든 일이었다.

'세상의 끝까지 전도'하려는 이들이 로마제국의 전역에 나타났다. 대대적인 박해가 시작되었다. 그러나 기독교도들은 굴복하지 않았고, 결국 로마 황제는 기독교를 공식적으로 인정하고 국교로 삼았다. 기독교도들은 박해를 피해 숨어 다니면서 구전으로 복음을 전해 들었는데, 지역에 따라 그 내용이 달랐다.

325년, 콘스탄티누스 황제는 지금의 터키인 니케아로 주교들을 소집했다. 그리고 각자의 이야기를 수집하고 정리해서 현재의 성경 원형을 편찬했다. 성경은 북아프리카에서 유럽 전역, 아시아의 일부까지를 하나의 역사 공동체로 묶었다. 물론 플라톤과 아리스토텔레스, 소크라테스의 저술도 중요한 역할을 했다. 이후 이슬람교가 발흥해서 아시아와 북아프리카가 떨어져나갈 때까지, 그리고 그 이후로도 기독교적인 세계관은 유럽을 통합된 세계로 유지해줬다.

아시아에서도 비슷한 일이 벌어졌다. 인도와 네팔에선 불교가 일어났고, 제자백가의 중국은 유가적인 질서를 채택했다. 각 지역의 정치적, 사상적, 경제적 특성을 책임질 사고체계는 놀랍게도 비슷한 시기에 등장했다. 칼 야스퍼스는 이 상황을 두고 '차축시대'라며 놀라워했다.

고대에 미디어 콘텐츠를 생산할 수 있는 권리는 소수에게만 주어졌다. 중국에선 경전의 해석 능력을 갖춘 자를 과거로 등용해서 나라의 관리를 맡겼고, 로마제국이 붕괴한 이후의 서양에선 수도원이 지역 행정을 책임졌다.

그런데 미디어의 독점권을 부정하려는 이들이 나타났다. 영국의 신학자인 존 위클리프는 일반 시민들도 읽을 수 있도록 라틴어 성경을 영문으로 번역하려 했다. 그가 병사하면서 번역은 마무리되지 못했다. 하지만 고귀한 성경을 천박한 영어로 더럽히려 했다는 이유만으로 그의 시체는 무덤 밖으로 끌려나와 불태워졌다.

산업혁명이 가져온
미디어의 놀라운 변화들

　산업혁명은 생산력을 높이는 기술 개혁이다. 그러나 증기기관이 도입되었다는 사실 하나만으로 산업혁명을 완전히 설명할 수는 없다. 산업혁명은 유럽의 정치적이고 경제적이며 사회적인 모든 것을 뒤엎었다.

　산업혁명에 대한 설명은 늘 르네상스와 짝을 이룬다. 인문주의가 신을 부정하진 않았지만 미디어 콘텐츠에 대한 성직자의 독점권은 파괴되었다. 15세기, 독일의 요하네스 구텐베르크가 인쇄술을 혁신하면서 성경은 성직자의 손이 아닌 인쇄기로 제작되기 시작했다. 과거에는 두 달을 꼬빡 필사해야 성경 한 부가 완성되었지만 인쇄술은 같은 기간에 4,000부를 찍어낼 수 있었다. 자연스레 성경 이외의 책들도 인쇄되기 시작했다.

산업혁명을 촉발한 인쇄술

16세기 중반에만 유럽에서 2,000만 부의 책이 발간되었다. 16세기 이후 영국에서는 시민의 권리가 크게 신장했다. 시민의 힘이 강해지자 반대로 왕이나 귀족과 결탁했던 인쇄조합은 크게 약화되었다.

시민의 일부는 신흥 출판업자로 나서 절대적인 왕권에 반대하는 소식지를 출간하기에 이르렀다. 신문이 등장한 것이다. 17세기 중반 영국에서 발행된 소식지는 3만 종이 넘었다.

이렇듯 출판 기술의 발전은 왕정의 정통성을 부정하는 민주주의 이론을 확산시켰고, 그에 따라 신의 뜻이 아닌 과학으로 세상을 해석하려는 이론서들이 양산되었다. 산업혁명은 이러한 배경이 없었다면 일어날 수 없는 사건이었다.

방향을 잡은 변화의 물길은 거세게 흘렀다. 인쇄술은 산업혁명의 발생에 중요한 역할을 했지만, 산업혁명 역시 인쇄술을 엄청나게 발전시켰다. 구텐베르크의 수동 인쇄기는 시간당 240장을 찍어냈다. 그런데 인쇄기와 증기기관이 결합한 1818년의 쾨니히 인쇄기는 10배의 물량을 소화할 수 있었다. 1843년에는 원통 회전 방식의 윤전기가 처음으로 등장했다. 본격적인 신문의 시대가 열린 것이다.

1차 산업혁명기의 핵심적인 미디어는 책과 신문이었다. 누구라도 열의가 있으면 자신의 주장을 책이나 신문으로 찍어낼 수 있고, 약간의 투자만 하면 신분에 관계없이 미디어를 구매해서 소비하는 것이 가능해졌다.

전기의 도입과 미디어의 홍수

2차 산업혁명으로 전기가 도입되면서 변화의 속도는 더욱 빨라졌다. 1867년에는 타자기가, 1876년에는 전화가, 1877년에는 축음기가, 1879년에는 전구가, 1895년에는 무선통신기와 영화가 세상에 등장했다.

19세기 후반에는 '발명광의 시대'라는 별명이 붙어 있다. 에디슨이나 벨을 비롯한 천재들이 기상천외한 제품을 계속 발명했기 때문이다. 이 가운데는 사람의 생각을 담고 전달하는 미디어도 많았다. 책이나 편지 등의 전통적인 미디어와 대비해서 이 시기의 미디어 발명품을 '뉴 미디어'라고 부르기도 했다. 이제는 뉴 미디어의 뜻이 SNS 등을 가리키는 용어로 바뀌었지만 말이다.

라디오와 전화, 전보에는 전에 없던 특성이 있었다. 책이나 신문과 달리 실시간으로 정보를 전달하는 게 가능하다는 점이었다. 제2차 세계대전 당시 전쟁의 포화 속에서 사람들에게 라디오는 미래를 알려주는 등불이었다. 그 방향이 거짓이었던 적도 있고 참이었던 때도 있었다. 분명한 것은 과거의 미디어로는 상상도 할 수 없을 정도의 거대한 영향력을 즉각적으로 행사했다는 점이다. 매스 미디어는 귀족적인 전통 예술이나 고급 문학과 달리 서민들의 일반적인 호기심을 소재로 삼았지만 일방적이었다.

　1950년대에는 텔레비전도 보급되었다. 매스 미디어의 파워는 점점 더 막강해졌고, 텔레비전은 점점 세상의 중심이 되어갔다. 1960년대에 가장 주목받은 사회학자인 마셜 맥루한은 미디어를 심도 깊게 분석했다. 그는 미디어가 사람의 감각을 확대해준다고 생각했다.

　텔레비전 덕분에 인간은 수백 킬로미터 밖의 사건을 보고, 전화로 수천 킬로미터 밖의 누군가와 대화하는 게 가능해졌다. 컴퓨터나 카메라는 사람의 기억력까지 대체해줬다. 사람의 감각을 대체할 만큼 미디어의 역할이 커지다보니 내용과 관계없이 미디어 자체가 중요해지는 단계에 이르렀다고 맥루한은 주장한다.

　"미디어가 곧 메시지"라는 그의 발언은 메시지의 내용보다 미디어 형식이 중요해진 상황을 한 문장으로 요약하고 있다. 마셜 맥루한이 처음 만들어낸 단어 가운데 지금까지도 많이 사용되는 것으로는 '지구촌'을 꼽을 수 있다. 그는 전자 미디어가 세계를 하나로 묶을 수 있다고 예견했다. 맥루한은 미디어를 지나치게 낙관적으로 바라본다는 비판도 많이 받았다. 텔레비전과 매스 미디어의 영향력이 커질수록 그 일방향성에 대해서 걱정하는 사람들도 많아졌다.

　미디어는 20세기 사람들 인생의 한 부분이 되었다. 사람들은 미디어의 일방향성에 순응했다. 매스 미디어는 지역에 따른 문화적 차이를 점점 희석시켰다. 20세기 초에는 미국과 유럽에서 다른 성격의 영화가 제작되었지만, 20세기 후반에는 할리우드 스타일의 영화가 전 세계의 박스오피스를 장악했다.

텔레비전 전성시대

1843년에 스코틀랜드에서 세계 최초로 영상을 전기 신호로 바꿔서 전송하는 기술을 개발했다. 팩스와 텔레비전은 이 기술에 뿌리를 두고 있다. 이후 텔레비전에 대한 연구는 꾸준히 진행되어서 1953년에는 미국의 RCA가 브라운관 방식의 컬러텔레비전을 출시했다. 곧 CBS와 NBC가 컬러 방송까지 시작하면서 브라운관 방식의 텔레비전은 평판 디스플레이가 텔레비전 시장을 재편하는 2000년대까지 전 세계 가정의 거실 중앙을 차지해왔다.

1950년대 미국의 가정에는 텔레비전이 빠르게 보급되어갔다. 당시에는 영화와 방송용 장비 시장이 완전히 분리되지 않아서, 방송도 영화처럼 필름으로 촬영해서 제작했다. 그런데 미국은 너무 넓었다. 시차 때문에 동부와 서부로 보낼 방송 영상의 복사본을 급하게 만들어야 했는데, 디지털시대의 광학매체와 달리 필름의 복사본을 빠르게 만들기란 쉽지 않았다.

해결책을 낸 곳은 미디어 기술기업인 암펙스였다. 암펙스의 직원인 레이 돌비는 1956년, 영상의 전기 신호를 자기 테이프에 기록하는 VTR 기술을 개발했다. VTR은 텔레비전의 전성기에 날개를 달아줬다.

　1970년대에는 VTR 기술은 가정용 전자제품에 탑재되기 시작했다. 1975년 소니는 가정용 베타맥스를 출시했고, 1977년에는 JVC가 VHS를 시장에 내놓았다. 소니와 JVC의 비디오 플레이어는 포맷도 달랐지만 마케팅 전략도 달랐다. 소니는 질적인 면을 강조했다. 베타맥스 테이프는 VHS보다 작지만 화질과 음질이 모두 뛰어났다. 단, 1시간에 불과한 짧은 녹화 시간은 약점이었다. JVC의 VHS 테이프는 크고 화질이 떨어지지만 녹화 시간은 2시간으로 영화 한 편을 통째로 담을 만큼 길었다. JVC의 경쟁력은 테이프 자체에 있지 않았다. 기술을 시장에 공개하면서 히타치나 파나소닉 등 다른 회사들도 VHS 비디오 플레이어를 만들어낼 수 있게 한 전략이 최고의 장점이었다. 애플과 안드로이드 진영의 대결을 떠올리게 하는 전략 차이였다.

　소니와 VHS 연합군 사이에 미디어전쟁이 시작되었다. 그런데 할리우드 메이저 영화사들은 비디오 플레이어의 등장에 불편한 표정을 감추지 않았다. 컬러텔레비전의 등장으로 극장 매출이 감소하는 것을 경험한 바 있던 영화사들에게 홈비디오 시장은 극장산업을 위협할 위험한 경쟁자로 보였던 것이다. 영화사는 자신의 콘텐츠가 비디오테이프에 녹화되는 것을 극도로 싫어했다.

　1983년에는 유니버설 스튜디오와 디즈니가 극장산업을 위협한다며 소니를 고소할 정도였다. 1년간의 치열한 법리공방 끝에

1984년, 미국 연방대법원은 소니의 편을 들며 홈비디오 시장을 인정해줬다. 그래도 영화사들은 비디오를 출시하길 거부하거나 최대한 시간을 늦췄다. 극장용 영화 콘텐츠의 빈 자리를 밀고 들어온 것은 성인용 콘텐츠였다.

1970년대부터 1980년대 중반까지 홈비디오 시장에서 성인용 콘텐츠가 차지하는 비중은 50%에 육박했다. 성인영화는 소니의 닫힌 시장보다 VHS의 열린 포맷을 선호했다. 이 차이가 결국 비디오 플레이어 전쟁의 승패를 갈라놓았다. 1988년, 전 세계의 비디오 플레이어 시장에서 VHS 방식은 1억7,000만 대가 판매되었다. 2,100만 대가 판매된 소니의 9배에 이르는 수치였다.

소니는 결국 시장에서 철수했고, 홈비디오 시장은 계속 성장했다. 메이저 영화사들도 홈비디오 시장에 적극적으로 참여하지 않을 수 없게 되었다.

기술적으로 우월했던 소니의 패배는 콘텐츠의 수급이 얼마나 중요한지 보여준다. 미디어 시장에서 콘텐츠보다 중요한 것은 없다. 메이저 영화사들의 입장 전환은 미디어 시장의 또 다른 측면을 알려준다. 콘텐츠가 중요한 것은 사실이지만 콘텐츠 생산자가 환경의 변화를 거부할 수 있는 기간은 제한적이다. 결국은 기술의 변화를 받아들이지 않을 수 없는 것이다.

점점 더 빨라지는 변화의 속도

4차 산업혁명으로 미디어가 흘러갈 방향은 과거를 살펴보면서 유추할 수 있다. 지금까지 미디어는 두 가지 방향으로 발전해왔다. 내용 면에선 보편성의 확보가 가장 큰 특징이다. 과거의 미디어 소비자는 성직자나 왕족, 귀족에 국한되었다. 그러나 1차 산업혁명과 2차 산업혁명을 겪으면서 미디어는 보편성과 대중성을 확보하게 되었다.

미디어의 소비는 이제 특권이 아니라 누구나의 기본적인 권리가 되었다. 심지어 4차 산업혁명 시기에는 미디어의 소비뿐만 아니라 생산도 삶의 기본권으로 자리 잡는 분위기다. 최근 인기를 끄는 개인 미디어가 그 증거다.

매스 미디어의 영향력이 크게 줄어든 건 아니지만 젊은 소비자들은 아프리카TV나 유튜브의 양방향성에 매료되는 추세다. 매스 미디어도 개인 미디어의 활력을 흡수하려 노력 중이다. 내용뿐만 아니라 형식에서도 미디어의 보편성은 중요하다. 과거 VHS 테이프는 지역에 따라 NTSC, PAL, SECAM 등으로 표준이 서로 달랐다. 그러나 이제 동영상이든 전자책이든 대부분의 미디어는 국경을 넘어 동일한 포맷을 사용한다.

미디어 변화의 두 번째 트렌드로는 직관성과 실시간성을 들 수 있다. 지금까지 미디어의 소비자는 미디어 생산자가 정한 시간과 공간의 질서를 따라야만 했다. 영화를 보려면 극장의 상영 시간을 확인해야 했고, 뉴스를 들으려고 해도 매시 정각을 기다려야 했다. 영화 콘텐츠의 노출 순서도 미디어 공급자의 규칙에 따라 이루어졌다. 극장 개봉, DVD 출시, VOD 서비스, 공중파 방송 편성이 전형적인 순서였다.

그러나 3차 산업혁명으로 누구나 스마트폰이라는 미디어 플레이어를 항상 가지고 다니게 되었다. 더 이상 미디어 생산자의 일방적인 요구를 따를 필요가 없게 된 것이다. 이제 사람들은 드라마의 방송 시간을 맞추기 위해서 허둥대지 않는다. 자신이 원할 때면 언제라도 실시간 미디어 소비가 가능해졌다. SNS는 한 발 더 나아가서 미디어 생산자와 소비자의 경계도 지워버렸다.

4차 산업혁명은 서로 다른 산업을 융합할 뿐만 아니라 미디어 환경까지 바꾸어놓고 있다. 매스 미디어의 전통적인 시간 배열도 파괴되고 있다.

2017년, 봉준호 감독의 〈옥자〉는 극장 개봉과 방송 공개를 동시에 진행했다. 넷플릭스에서 이 영화가 처음 방송될 당시 전통적인 영화가의 반발도 적지 않았다. 칸영화제는 극장에서 개봉하지 않은 영화를 전통적인 영화 범위에 포함시킬 수 없다며 보수적인 입장을 취하기도 했다. 하지만 점점 소비자의 편의에 따라 미디어가 재편되는 흐름은 피할 수 없다.

미디어는 사용자에게 즉각적인 편의성을 제공하기 위해서 두 가지 기술을 발전시켰다. 하나는 터치스크린이고 다른 하나는 음성인식 기술이다.

초창기 아이폰의 전 세계적인 성공에는 터치스크린이 중요한 역할을 했다. 최근에는 음성인식 기술이 중요하게 떠오르고 있다. 스마트폰의 음성인식 기능도 점점 활용도를 높여가고 있고, 음성인식 스피커가 인기를 끄는 것도 그 증거라고 할 수 있다.

가정이 아닌 기업도 소리를 오브제로 삼으려고 노력 중이다. 현재 세계 최대의 유통기업인 아마존은 알렉사로 미국의 음성비서 시장을 장악했다. 하지만 이는 앞으로 다가올 상황에 비교하면 새 발의 피에 불과하다.

미디어를 정치에 활용한
루스벨트와 히틀러

신문은 새로운 사상을 퍼뜨리고 낡은 질서를 무너뜨리는 데 결정적인 역할을 했다. 하지만 미디어산업이 세계를 움직일 만큼 중요해진 것은 전화의 등장 이후다.

세계 최초로 전화기를 발명한 이는 미국의 그레이엄 벨이다. 하지만 그가 개발하려고 했던 것은 통신장비가 아니라 청각장애자의 발음을 교정하기 위한 학습 장치였다. 벨의 가업은 발성 교사였다. 할아버지와 아버지는 물론 삼촌과 형도 청각장애자의 발성을 교정하는 선생님이었고, 어머니는 청각장애자였다. 벨의 아내이자 평생의 동업자가 되는 메이블 허버드도 청각장애자였다. 벨은 그녀를 가르치는 선생이었는데, 둘 사이에 사랑이 싹트면서 부부가 된 것이다.

1876년, 벨은 전화에 대한 특허를 신청하면서 전화를 '소리로 전신을 보내는 기계'라고 설명했다. 벨은 전화를 전신의 한 종류로 생각했다. 당시에 전화가 전신을 대체할 수 있으리라고 예상한 사람은 아무도 없었다. 미국 정부는 막대한 예산을 투입해서 북미 전역에 8,000개가 넘는 전신국을 설치한 상태였고, 세계 각국도 해저 케이블로 전 세계적인 전신망을 구축한다는 원대한 꿈을 꾸고 있었기 때문이다.

벨은 미국 최대의 전신회사였던 웨스턴 유니온에 '소리 전신'을 도입하자고 제안했지만 반응은 냉담했다. 웨스턴 유니온은 '장난감에 투자하지 않겠다'며 벨의 제안을 거절했다. 벨은 장인의 도움을 받아 벨 텔레폰 컴퍼니를 설립했다. 회사의 대표는 아내인 메이블 허버드가 맡았다. 벨 텔레폰은 세계 최대의 통신회사가 되는 AT&T의 전신이다. 미국의 통신사업을 독점한 AT&T는 1980년대에 반독점법에 따라 8개의 회사로 분할되었다.

전화는 미국 전역으로 빠르게 퍼져나갔다. 20세기 초반의 뉴욕에는 공중전화 부스도 여기저기 설치되었다. 그러나 아직은 전화가 많은 가정에 도입되기 이전이었다. 공중전화를 들어도 연락할 수 있는 집은 거의 없었다. 그래서 초창기의 공중전화 이용자들은 음악이나 뉴스를 듣는 데 전화를 사용했다.

헝가리에서도 전화는 비슷한 용도로 활용되었다. 부다페스트의 '텔레폰 히르몬도' 프로그램은 정해진 시간마다 전화로 뉴스와 주식시장 정보, 음악을 전송하며 큰 인기를 끌었다. 전화는 이렇게 라디오 프로그램의 원형이 되기도 했다.

20세기가 되자 전화의 보급률은 점점 높아졌다. 통신산업은 모든 나라의 국가기간산업이 되었다. 요즘 IT업계에 우수 인력이 모이는 것처럼 20세기 초반의 공학박사들은 전화나 라디오, 오디오 연구소에 몰려들었다.

세계에서 가장 오래된 스피커 제조사인 알텍에는 한때 3,000명의 공학박사가 근무했고, 미국의 통신을 독점하던 벨 텔레콤 산하 연구소에선 무려 20,000명이 넘는 박사들이 순도 높은 소리를 찾아서 매일 골머리를 싸맸다.

라디오는 거대한 방송국이 아닌 개인 미디어로 출발했다. 전화가 보급될 즈음 무선통신 기술도 빠르게 발전하고 있었다. 20세기 초반의 얼리어댑터들은 직접 무선통신 장치를 개발했다. 라디오는 무선통신 기술을 뜻하는 단어였다. 그러니까 무선통신 장치에는 라디오 송수신기라는 이름이 붙었다.

초창기의 라디오 송수신기는 모스 부호 정도만 주고받을 수 있었지만 기술 발전으로 소리의 전송도 가능해졌다. 직접 라디오 송수신기를 개발한 얼리어댑터들의 목표는 조금이라도 먼 곳의 사람들과 의사소통을 하는 것이었다. 미지의 상대방과 대화를 하게 된 라디오 사용자들은 다양한 콘텐츠를 전파에 실어보냈다. 어떤 이는 편지나 시를 낭독했고, 어떤 이는 노래를 틀었다. 어쩌면 1인 미디어의 전성기는 100년 전에 이미 한 번 지나갔는지도 모른다. 미국 전역에는 셀 수 없이 많은 아마추어 라디오 채널이 생겼고, 그 가운데 일부는 큰 인기를 끌었다.

1912년 4월 14일 자정 무렵, 영국에서 뉴욕으로 항해 중이던 타이타닉은 빙산과 충돌해서 좌초했다. 배에 탑승했던 두 명의 무선 통신사는 조난 직후 구조 신호를 보냈고, 90킬로미터 밖에서 운항 중이던 여객선이 신호를 수신하고 구조에 나섰다. 그러나 구조된 인원은 700여 명에 불과했고, 1,500명이 넘는 목숨이 희생되었다. 사고와 구조 소식은 아마추어 라디오 채널을 통해 뉴욕 곳곳으로 전해졌는데, 잘못된 정보도 다수 있었다. 그 가운데는 전원 구조라는 오보도 포함되었다.

군사 보안상의 이유로 무선전파를 관리하려던 미국 정부에게 이 사건은 좋은 빌미가 되었다. 미국 정부는 '무선 통신에 대한 1912년 조례'를 발표했다. 모든 선박에 무선통신 설비를 의무화하는 것이 가장 큰 줄거리였지만 아마추어 무선통신에 자격을 부여하는 내용도 있었다. 자격증을 취득하지 않은 아마추어 라디오 채널이 사실상 금지된 것이다.

이로써 쌍방향 라디오 시대는 막을 내리고 정부의 허가를 받은 거대 라디오 방송국이 등장하게 되었다. 바야흐로 매스 미디어의 시대가 막을 올린 것이다.

1919년 미국에는 RCA회사가 설립되었고, 다음 해에는 피츠버그에 KDKA 방송국이 설립되었다. 라디오의 인기는 하루가 다르게 높아졌다. 1925년부터는 스피커의 성능이 눈에 띄게 향상되었다. 1931년 영국에선 신흥 산업의 경쟁력을 확보하기 위해서 HMV와 컬럼비아가 EMI로 합병했다.

텔레비전이 등장하기 전까지 라디오는 가장 영향력 있는 미디어였다. 심지어 라디오를 정치에 적극적으로 활용하기도 했다.

프랭클린 루스벨트는 미국 유일의 4선 대통령이다. 1933년부터 1945년까지 장기 집권한 그는 라디오를 통해서 국민들과 적극적으로 소통했다. 루스벨트의 가장 큰 업적은 뉴딜정책으로 경제대공황을 극복한 것이다. 그는 막대한 적자를 각오하고 대규모 국책사업을 펼쳐서 고용을 늘리고 임금을 높였다. 당시까지는 세계의 어느 정부도 집행하지 않은 과감한 정책이었다. 당연히 반대의 목소리도 컸다. 하지만 루스벨트는 라디오를 적극적으로 활용했다. 시민들 사이에서 그의 연설이 인기를 끌면서 정책 집행의 정당성은 강화되었다. 라디오와 같은 매스 미디어가 없었다면 루스벨트의 정치 실험은 시도되기 어려웠을 것이다.

대서양 건너편의 적대 진영에서도 라디오 방송을 적극적으로 활용하는 정치인이 있었다. 독일의 히틀러였다. 그의 심복인 괴벨스는 신흥 매체인 라디오의 가능성을 한눈에 꿰뚫어봤다. 그는 독일의 3개 통신사를 독일통신사(DNB)로 통합했다. 지역 방송국도 베를린 중앙방송국 산하 제국방송국으로 통폐합했다. 다른 목소리를 내는 방송국 직원은 즉시 퇴출되었다. 그리고 76마르크의 저렴한 라디오를 개발해서 독일의 가정에 보급했다. 라디오의 별명은 '괴벨스의 입'이었다. 라디오는 광장에도 설치되었다. 독일인은 언제 어디에서든 나치의 선전선동을 들어야 했다. 얼마 후 히틀러는 99%의 국민 지지를 받는 총통이 되었다.

대한민국의 소리 미디어,
그 드라마틱한 역사

우리나라에 라디오가 도입된 건 1910년대다. 서구 선진국과 비교해도 그다지 늦지 않은 출발이다. 그러나 자생적으로 라디오를 개발하고 콘텐츠를 개발한 유럽이나 미국과 달리 우리나라의 라디오 방송은 정부 주도형으로, 그것도 일제에 의해 강제적으로 이루어졌다는 점에서 차이가 크다. 미국에서 라디오 개발자들은 서로 무선으로 통신하면서 개인 방송국을 발전시켰고, 이후 정부가 개입하면서 거대한 기업형 방송국이 개인 방송국을 대체하게 되었다. 이와 달리 우리나라에선 개인형 또는 기업형을 떠나 한참 후에나 방송국이 개국할 수 있었다.

1915년, 조선총독부의 체신국 직원들은 지금의 충무로에서 무선전파를 수신하는 실험을 벌였다. 시내 중심부에서도 가장 번화한 미츠코시백화점에서 이루어진 실험이다보니 구경을 하려는 인파가 대대적으로 몰려들었다. 수백 km 밖에서 송신한 전파가 소리로 변한다는 사실은 마술처럼 사람들을 사로잡았다. 하지만 1915년의 실험은 소리를 무선 전파에 실어보내고 재생하는 기술에 대한 것이었기 때문에 '방송'과는 거리가 멀었다. 라디오 실험이 아니라 무선통신 실험이라는 설명이 더 정확할지도 모르겠다. (초창기에는 라디오가 곧 무선통신이었다. 따라서 라디오 실험인지 무선통신 실험인지는 지금의 관점이 개입한 논의인 것이다.)

공개적인 라디오 '방송' 실험은 10년이나 흐른 1925년에야 이루어졌다. 체신국 구내에 설치한 무선방송 실험실에서 50W의 출력으로 진행된 이 실험의 콘텐츠는 조선일보에서 마련했다. 라디오라는 첨단 미디어의 가능성을 알아본 조선일보는 당시 높은 인기를 구가하고 있던 명창과 국악 연주자들의 소리를 송신했고, 다섯 대뿐이던 한반도의 수신기들이 이 전파를 받아들여 소리로 바꾸어냈다. 이 실험은 공개적으로 진행되었기 때문에 수백 또는 수천 명의 사람들이 전기 신호로 변환되었던 노랫소리를 들을 수 있었다.

조선일보와 11개 단체는 곧 방송사업 허가를 신청했지만 조선총독부에 의해 거부되었다. 2년 후 조선총독부는 우리나라 최초의 라디오 방송국인 경성방송국을 설립했다. 직원은 한국인 다섯 명을 포함한 50명이었고, 한국어와 일본어 방송을 섞어서 제작했다. 하지만 직원의 수에서 확인할 수 있듯 일본어 방송의 비중이 높았다. 방송의 주제 역시 일본에서 한반도로 이주한 이들을 위한 생활정보 위주였다. 방송의 인기는 시들했고, 청취료 징수도 부진했다. 1930년대 중반이 되자 경영난에 맞닥뜨리게 된 경성방송국은 별도의 한국어 채널을 만들고 청취료를 인하해서 청취자를 늘리기 시작했다. 따라서 한반도에서 라디오가 중요한 미디어로 떠오른 건 1930년대 이후의 일이다.

일제강점기의 라디오에서 시사 프로그램을 방송하는 건 불가능한 일이었다. 더구나 1930년대에 유명한 가수나 연예인이 많지도 않았다. 우리나라의 초창기 라디오 프로그램은 노래와 말솜씨를 함께 지닌 이들을 찾으려고 고민했고, 현재의 연예인처럼 떠오른 건 기생이었다. 조선시대의 기생은 국가 소속이었기 때문에 예술가인 동시에 공무원이라고 할 수 있는데, 일제강점기를 거치면서 관기제도가 폐지되었다. 그 대신 기생들은 지역별 조합이라고 할 수 있는 권번을 통해 관리되었다. 권번은 지금의 연예기획사처럼 기생들과 미디어를 연결하며 수익금을 나눠가졌다.

평양권번 소속의 현매홍은 1905년생으로 가곡과 가사, 시조에 능통했다. 1927년부터 경성방송국에 출연해서 노래를 했던 그녀는 1930년에 팔도명창대회에 출연하기도 하는 등 뛰어난 노래실력으로 큰 인기를 끌었고, 제비표 조선레코드와 일동축음기레코드에서 음반을 취입했다. 1936년에는 기생조합에서 발행한 잡지 〈장한〉의 편집인으로 활동하기도 했다.

서울의 한성권번 소속인 김옥엽도 뛰어난 노래솜씨로 이름을 날렸는데, 〈수심가〉를 부를 때에는 청취자들이 눈물바다를 이루었다고 할 정도다. 현매홍과 마찬가지로 1920년대에 이미 경성방송국의 라디오 방송에 출연해서 서도잡가와 아리랑 등의 경기민요를 열창했다. 1929년에는 일본 오사카의 콜롬비아레코드에서 음반을 취입했고, 1930년대에도 수십 장의 음반을 발매했다. 그녀의 민요들은 지금까지도 일본 빅터레코드와 콜롬비아레코드, 태평음반 등을 통해서 전해지고 있으며, 1935년에는 〈삼천리〉 잡지에 대표적인 조선 명창으로 소개되기도 했다. 〈국경의 밤〉이나 〈북청물장수〉 등으로 유명한 시인 김동환과 염문을 뿌리면서 그녀의 유명세는 더 커졌다. 1930년에서 1938년까지 경성방송국에 출연하여 대금 명인 김영근의 반주로 많은 가곡과 민요를 불렀다.

'기생수첩'과 '눈물의 시집', '꽃 같은 순정' 등의 노래를 콜롬비아레코드 음반으로 출시한 이옥란도 유명했다. 한성권번에 적을 둔 그녀는 국악과 양악이 모두 가능했다. 1938년 6월 9일자 동아일보는 전문학교 2학년 학생이 이옥란을 연모하다가 음독자살했다는 기사를 싣기도 했다.

기생들은 라디오와 음반의 소리 미디어뿐만 아니라 '브로마이드'라는 시각 미디어를 통해서도 인기를 끌었다. 심지어 그녀들의 사진은 엽서로 만들어지기도 했고, 화장품과 샴푸, 비누의 광고모델로도 맹활약했다.

하지만 1940년대부터는 기생을 동원한 라디오 프로그램도 힘을 잃었다. 3만 명이 넘는 기생이 배출되면서 기생의 경쟁력 자체도 떨어졌거니와 1941년에 일제가 태평양전쟁을 일으키면서 사회에서 '엔터테인먼트'가 설 자리를 잃었기 때문이다. 일제는 적극적으로 라디오를 검열했고, 결국 일제강점기의 종말은 라디오를 통해 일본 열도와 한반도에 전해졌다.

1945년 8월 14일, 일본의 히로히토는 옥쇄를 주장하는 강경파를 피해서 NHK 방송기술자들을 몰래 궁으로 불러들여 항복 선언을 녹음했다. 이 음반은 하루 뒤인 8월 15일, "지금부터 중대한 발표가 있겠습니다. 천황 폐하께서 황공하옵게도 친히 전 국민에게 칙서를 말씀하시게 되셨습니다."라는 안내 멘트와 함께 방송되었다. 히로히토의 항복 선언은 "견딜 수 없는 것을 견디고, 겪을 수 없는 것을 겪고 있어서 후세를 위해서 태평한 시대를 열고자 한다."는 이야기로 시작된다. 하지만 '항복'이나 '패배' 등의 구체적인 단어 대신 아주 어려운 용어를 길게 이어붙인 데다 방송의 음질도 형편없었다. 라디오를 들은 사람들이 의미를 파악하지 못해서 어리둥절해할 정도였다.

해방 이후 한반도에 라디오 미디어의 싹이 트는가 싶었지만 곧

장 한국전쟁이 발발하면서 방송 시설까지 초토화되었다. 우리나라의 라디오 방송은 1960년대에야 힘을 찾을 수 있었다.

1959년 11월 15일, 지금의 LG전자인 금성사는 우리나라 최초의 라디오인 '금성라디오 A-501'을 미도파백화점에서 판매하기 시작했다. 이때까지 우리나라에서 제작된 라디오는 일제 부품을 조립하는 수준이었는데, 중학교 교사와 금성사 공채 1기 두 명이 A-501을 개발하면서 국산 라디오 시대가 개막한 것이다.

물론 1960년대 라디오 방송의 부흥은 정부의 적극적인 지원이 있었기 때문에 가능했다. 이는 미국과 독일의 상황과 다르지 않다. 정부는 적극적으로 라디오를 보급하고, 산간지역에는 라디오와 확성기를 연결해서 '공공 방송'까지 할 수 있도록 조치했다. 박정희 전 대통령은 부산의 금성 라디오 공장을 방문한 후 '밀수품 근절에 관한 최고회의 포고령'을 발표하고 '전국 농어촌에 라디오 보내기 운동'을 전개했다. 그는 '내수 경제 활성화'를 표면적인 이유로 내걸었지만 실제로는 반공의식 고취와 정책 홍보가 더욱 중요한 목표였다.

라디오가 힘을 발휘할 때에도 라디오는 정부의 의도와 정반대로 활용되기도 했다. 4·19혁명은 라디오가 없었다면 전국적으로 확대되어 성공할 수 없었을지도 모른다. 대한민국의 현대사에서 라디오는 매우 중요한 역할을 해왔다.

1950년 6월 27일의 이승만 전 대통령 담화는 아주 유명하다. "서울시민 여러분, 안심하고 서울을 지키시오. 적은 패주하고 있습니다. 정부는 여러분과 함께 서울에 머물 것입니다." 세 차례에 걸쳐 이승만 전 대통령의 목소리는 라디오로 방송되었지만, 그는 이미 서울을 떠난 상황이었다. 국회의장이나 대법원장, 행정부 각료에게도 알리지 않은 채 그는 대구까지 긴급 피신했다가 너무 멀리까지 왔다는 지적에 열차를 대전으로 되돌리기도 했다.

이승만 전 대통령은 또 하나의 라디오 목소리로도 유명하다. 바로 그의 하야 성명이다. "나 리승만은 국회의 결의를 존중하여 대통령의 직을 사임하고 물러앉아 국민의 한 사람으로서 나의 여생을 국가와 민족을 위하여 바치고자 하는 바이다."

1980년대 이후 우리나라의 미디어는 라디오 대신 TV를 중심으로 발전했다. 확실히 라디오의 영향력은 과거만 못하다. 인기 라디오 프로그램의 대명사라고 할 수 있는 〈별이 빛나는 밤에〉의 청취자도 예전보다 많이 줄어들었다. 1969년부터 이어져온 〈별이 빛나는 밤에〉의 DJ는 여러 번 바뀌었지만, 청취자마다 자신의 '별밤지기'는 달라진다. 하지만 〈별밤〉의 시그널 앞에서 청취자들은 50년의 시간을 초월해서 라디오시대의 향수에 젖어든다. 라디오 시대는 클래식 음악과 같다. 이제는 전성기를 지났으나, 아직도 전성기인 클래식 음악 말이다.

미디어의 변화는
더욱 빠르고 강력해진다

TV와 영화, 인터넷의 시대를 지나 다시 사람들의 관심을 모으는 소리 미디어가 등장했다. '팟캐스트'다. 화려한 TV드라마와 영화의 시대를 지나 맞이한 팟캐스트는 소박하지만 편안한 맛을 준다. 어떤 면에서는 근대화의 열기를 타고 햄버거나 피자가 국민간식으로 부상했지만 시간이 지나면서 다시 떡볶이를 찾는 분위기와도 오버랩된다.

　사실 시각 미디어의 위세가 아무리 등등해도 소리 미디어가 완전히 사라진 적은 없다. 소리 미디어는 소리 미디어만이 줄 수 있는 매력을 안고 있기 때문이다. 일단 소리 미디어는 시각 미디어와 달리 모든 감각을 총동원할 필요가 없다. 운전을 하거나 공부를 하면서 귀를 반만 열어놓고 즐겨도 그만인 것이 소리 미디어다. 심지어 잠을 자면서 듣는 음악, 잠에서 깨어날 때 다가오는 음악이 꿀처럼 달콤할 때도 있다.

　팟캐스트는 소리 미디어의 장점과 모바일의 특성을 결합해서 사용자가 원하는 시간과 장소에서 자유롭게 감상할 수 있다. 음악을 비롯한 엔터테인먼트의 감상 수단인 동시에 모든 분야의 개별적인 마니아 시장을 열었다는 점에서는 개인 라디오 방송국이 난무하던 20세기 초반의 미국 상황을 떠올리게도 만든다.

　개인간의 통신 수단 성격이 강했던 라디오가 매스 미디어의 한 장르로 자리 잡으리라고 확신한 사람은 없다. 팟캐스트가 폭발적으로 성장 중이란 사실은 누구나 알지만 그 미래를 정확하게 예측할 수 있는 이도 역시 없다. 하지만 우리가 확신할 수 있는 사실은, 어떠한 형태로도 소리 미디어가 계속 발전하고 우리 삶에 깊은 영향력을 발휘하리라는 점이다.

디스플레이 세계 전쟁의 승자는 대한민국이었다

2000년대 들어 대한민국은 과거와 전혀 다른 국제적 위상을 뽐내고 있다. 군부 독재에서 민주주의로 평화롭게 이양한 정치적 경험은 지구의 어느 나라에서도 찾기 어렵다. 하지만 그 이상으로 세계의 박수를 받는 건 대한민국의 경제적 역동성 때문일 것이다. IMF라는 거대한 걸림돌이 있었음에도 불구하고 우리나라는 반도체, 스마트폰, 가전 등의 분야에서 세계 최고 기술 강국으로 혁신해왔다.

한국무역협회에 따르면 2015년을 기준으로 우리나라는 세계 시장에서 68개 품목의 1위 수출 국가다. 이 수치는 2011년 61개, 2012년 65개, 2013년 68개, 2014년 67개 등으로 안정된 모습을 보이고 있다.

2000년대 우리나라의 경제를 견인한 기업으로 많은 사람들이 삼성전자와 현대자동차를 떠올릴 것이다. 삼성전자의 매출은 세 가지 항목으로 구성되었다. 반도체와 휴대폰 그리고 디스플레이가 그것이다. 삼성전자와 LG전자는 2000년대 전 세계의 가정용 텔레비전과 컴퓨터 모니터를 교체하는 데 가장 주도적인 역할을 수행했다.

1990년대 중반까지 전 세계 가정의 거실 중앙에는 브라운관 TV가 놓여 있었다. TV의 주요 생산국은 유럽의 독일, 아시아의 일본, 아메리카 대륙의 미국 등 지역별로 나뉘어 있었다. 제2차 세계대전의 패전국인 독일과 일본은 합리적인 가격과 우수한 품질의 가전제품으로 재기의 발판을 만들었다. 특히 일본의 전자제품은 아시아를 넘어 전 세계에서 높은 인기를 끌었다. 소니와 파나소닉, 샤프, 산요, 내셔널 등 일본의 브라운관 TV는 세계 시장을 석권했다.

그런데 1990년대 후반부터 디스플레이 시장이 변화했다. 얇은 두께로 공간 활용에 이점이 있는 TFT LCD 디스플레이 시장이 열린 것이다. LCD 디스플레이의 또 다른 장점은 디지털 포맷이라는 점이다. 일반 가정에 컴퓨터가 빠르게 보급되면서, 미디어 환경도 디지털 포맷으로 전환되었다.

디지털 영상저장장치인 DVD가 아날로그 VHS를 대체했고, 디지털카메라는 필름 카메라를 시장에서 밀어내기 시작했다. CD플레이어는 아예 음원만을 자유롭게 넣었다 뺄 수 있는 MP3플레이어에 자리를 빼앗겼다. 모든 미디어가 디지털로 통합되어갔다. 브라운관 텔레비전과 달리 디지털 TV는 DVD, 디지털카메라, MP3 플레이어, 컴퓨터 등의 모든 디지털 포맷을 받아들일 수 있다는 장점도 있었다.

디지털 TV 방송 분야에 먼저 발을 내딛은 건 일본의 기업들이었다. 하지만 이미 장악하고 있던 시장이 너무 급격하게 바뀌는 데에는 조심스러운 입장이었다.

이런 일본 기업과 달리 삼성과 LG 등 우리나라의 대기업은 훨씬 공격적으로 나섰다. 파주나 대구에 대규모 LCD단지를 건설하는 등 적극적인 공세에 나선 결과, 2000년대부터 우리나라의 전자제품 브랜드 가치는 일본을 추월하는 데 성공했다.

LCD와 PDP, LED와 OLED 등 '얇은' 평판 디스플레이의 종류는 다양하다. 하지만 전 세계에서 소비되는 디스플레이는 거의 전량 한국과 일본, 그리고 (대만을 포함한) 중국에서 생산된다. 이 가운데 우리나라는 최고의 품질을 인정받고 있다.

평판 디스플레이 이전의 텔레비전은 전자총으로 주사선을 쏴서 화면을 표시했다. 그러나 디지털 방식의 평판 디스플레이는 전혀 다른 방식으로 영상을 재현한다. TFT LCD 내부에는 두 장의 유리판이 있는데, 그 사이에는 '액정(Liquid Crystal)'이라는 입자가 빽빽하게 들어 있다. 두 장의 유리판과 액정으로 구성된 'LCD 패널'은 LCD 디스플레이의 핵심 부품이다. LCD 패널에 전기가 유입되면, 액정은 그 신호에 따라 원상을 유지하거나 찌그러진다. LCD 패널 뒤 백라이트에서 나온 빛은 액정을 통과하는데, 액정의 상태에 따라 빛의 반사율이 달라지면서 다양한 색 표현이 가능해진다. LCD 텔레비전 또는 모니터는 이런 원리로 작동한다. (PDP는 전압으로 가스를 활성화시키고, 가스가 원래대로 돌아가려는 원리로 작동한다.)

　LCD 디스플레이는 셀과 모듈의 두 가지 공정을 거쳐 생산된다. LCD 패널의 유리판 두 장은 기능에 따라 컬러필터 기판과 TFT 기판이라고 하는데, 두 기판을 잘라서 하나의 LCD패널로 합하는 것이 셀 공정이다.

　다음으로는 특수 용액으로 세척한 LCD 패널에 편광필름을 부착하고, 구동회로와 백라이트 등의 다른 부품과 결합해서 모듈로 만드는 과정을 거친다(모듈 공정). LCD 패널에 편광필름을 부착할 수 있는 기업은 전 세계에 몇 되지 않는다. 게다가 롤처럼 말린 편광필름을 굴려가며 LCD에 부착하는 일본과 달리 우리나라는 위에서 아래로 필름을 내려찍어서 한번에 붙이는 기술을 보유하고 있다. 드럼폴 방식이라고 부르는 이 기술은 기포의 발생을 거의 완벽하게 차단해서 불량률을 대폭 줄였다.

　4차 산업혁명 시대 스마트 팩토리의 가장 큰 특징은 획일적인 대량 생산이 아닌 다품종 생산이 가능하다는 점이다. 스마트 팩토리에선 부품이나 모듈에 QR코드를 부착해서 복잡한 제조 공정을 문제없이 따르도록 한다. LCD 패널에도 레이저로 제품 정보를 새겨서 품질을 관리한다. 사람이 눈으로 보는 부품인 LCD 패널은 끝 부분에 아주 작게 QR코드를 삽입한다. 제품 정보를 레이저로 새기는 걸 타이틀링 기술이라고 하는데, 이 분야에서도 우리나라의 중소기업이 세계 최고의 기술을 지니고 있다.

QR코드는 정사각형 공간에 가로세로로 16개씩 점을 찍어 완성된다. 사각 공간이 작아지면 정밀한 도트 인쇄가 어려워진다. LCD 패널에 들어가는 QR코드는 45미크론(0.72mm X 0.72mm)의 정사각형 크기로 만들어진다. 스마트워치 등의 웨어러블 디바이스에는 30미크론(0.42mm X 0.42mm) 크기의 QR코드를 삽입한다.

우리나라 기업인 와이티에스는 15미크론의 인쇄 기술까지 보유하고 있다. 베젤(LCD나 OLED 디스플레이의 테두리)을 거의 없애다시피한 최신 베젤리스 TV는 첨단 타이틀링 기술이 뒷받침되지 않으면 등장할 수 없었다. 와이티에스의 드럼폴 부착기나 레이저 타이틀러는 LCD 디스플레이 생산 공정에 들어가는 장비들이다. 애플은 와이티에스의 장비를 갖춘 디스플레이 생산업체에만 스마트폰과 모니터의 하청을 준다.

중소기업 한 곳의 예를 들었지만 사실은 지난 20년간 훨씬 더 많은 우리나라 기업들이 LCD 디스플레이의 기술 혁신을 이루어왔다. 삼성전자와 LG전자의 디스플레이가 세계의 CRT 모니터와 브라운관 텔레비전을 대체한 것은 우연한 일이 아니었다. 전면에 나선 대기업과 그 뒤에서 보이지 않는 역할을 해온 중소기업들이 총력전을 벌인 결과였다. 일본은 세계 최고의 기술을 지니고 있었지만 시장 변화에 소극적으로 대처했다. 그리고 우리나라에 추월 당했다.

 디스플레이 가전 외에도 몇 가지 산업 분야가 2000년대 우리나라의 성장 동력으로 작동했다. 그래도 전 세계 시장을 석권한 디스플레이 가전의 역할을 절대로 과소평가할 순 없을 것이다.

 디스플레이 시장의 변화는 지금도 완전히 끝나지 않았다. 지난 2000년대의 화두는 아날로그 방식의 브라운관 텔레비전을 디지털 TV로 대체하는 것이었다. 디지털 TV는 화면 해상도에 따라 분류되는데, SD급은 가로 720개, 세로 480개의 픽셀을 영상으로 표현할 수 있는 수준을 뜻한다. HD급은 1,280 X 720의 해상도를 지닌다. 2000년대 유럽은 아날로그의 2배 화질의 SD 방송을, 미국은 5배 화질의 HD 방송을 중심으로 디지털 TV로의 전환을 이루어냈다.

 우리나라도 2003년부터 HD급 디지털 방송을 시작했다. 전 세계의 디스플레이 시장은 순조롭게 디지털시대를 받아들였다. 우리나라는 세계 최고 수준의 디지털 디스플레이를 내놓으며 특수를 누렸다. 디지털 TV의 가정용 음향기기 시장은 일본이 계속 주도적인 위치를 차지했다. 시장 전환이 디스플레이 중심으로 진행되었기 때문에 5.1채널의 음향기기 시장 규모는 상대적으로 작은 편이었다. 소비자들도 얼리어댑터나 영화 마니아가 아니면 5.1채널의 시스템에 도전하길 부담스러워했다. 여러 채널의 스피커를 세팅하거나, 다양한 음장효과를 내는 앰프를 사용하기 두려워하기도 했다. 그래도 적지 않은 사람들이 홈시어터 장비를 이용해서 5.1채널의 입체음향을 감상하기 시작했다.

최근에는 FHD(Full High Definition) TV를 거쳐 UHD(Ultra High Definition) TV가 인기를 끌고 있다. FHD급 영상의 해상도는 1,920 X 1,080 픽셀이고, UHD급은 3,840 X 2,160 픽셀의 초고선명 화질을 자랑한다. 최근에는 4K라는 용어도 종종 등장한다. 4K는 4,096 X 2,160의 디지털 시네마 규격을 가리키는 용어지만 UHD와 혼용해서 사용된다.

UHD 텔레비전은 1993년에 일본 정부가 개발을 제안했다. 당시 미국 정부는 고도화 TV인 ATV를 표준으로 채택하려 했지만 국제전기통신연합은 UHD TV를 미래표준으로 결정했다. 그리고 이제 그 미래가 우리 앞에 다가왔다. 25년 전, 세계의 미래상을 그리던 최고의 기술 국가는 일본이었다.

25년이 흐르는 동안 대한민국은 일본의 기술력을 뛰어넘어 UHD 시장의 최강자가 되었다. 우리나라는 2014년 4월, 케이블방송을 통해 세계 최초로 UHD 방송 서비스를 상용화하는 등, 콘텐츠에서도 UHD 시장을 선점하기 위해 적극적으로 나서는 중이다. 지상파 방송국들도 〈추노〉, 〈각시탈〉, 〈정도전〉, 〈별에서 온 그대〉 등의 한류 콘텐츠를 UHD로 제작하고 있다. 여기에 더해 초고화질 게임까지 인기를 끌면서 UHD TV의 보급은 빠르게 진행되고 있다.

2018년 UHD 방송의 인기 확대에 평창 동계올림픽이 얼마나 기여할지도 관심사다. 보통 고품질 영상의 발전을 이끄는 데 스포츠처럼 중요한 역할을 하는 콘텐츠도 드물기 때문이다. 미국에선 TV 교체의 적기를 블랙프라이데이나 슈퍼볼 시즌으로 본다.

블랙프라이데이는 미국 최대의 쇼핑 기간이기 때문이고, 슈퍼볼 시즌은 첨단 방송 기술이 가장 도드라지는 시기이기 때문이다. 2014년, CBS는 HD 카메라 60대와 UHD 카메라 6대로 슈퍼볼을 중계했는데, UHD로 반복 방송하는 하이라이트 장면이 크게 화제를 모았다. 영국에서도 2012년 런던올림픽 당시 일본 NHK와 함께 UHD 방송을 공동으로 생중계했다. 그 직후에는 위성 방송 사업자와 공동으로 유럽축구연맹(UEFA) 챔피언스리그를 UHD로 송출해서 좋은 반응을 받았다.

2010년대 후반, 전 세계의 IT를 이끄는 기업을 'FANG'이라고 부른다. Facebook, Amazon, Netflix, 그리고 Google의 앞 글자를 딴 별칭이다.

넷플릭스는 2014년부터 UHD 방송의 프리미엄 서비스를 시작했는데, 더 많은 UHD 콘텐츠를 수급하기 위해서 아예 독자적으로 드라마 제작까지 하고 있다. 지금도 4K나 8K(영상의 가로 픽셀이 4,000대와 8,000대에 이르는 초고화질) 수준의 더 높은 화질을 구현하려는 연구 개발은 계속되고 있다. 같은 화소 수 안에서도 LCD와 LED에서 OLED로 부드럽게 넘어가는 것이 중요한 문제로 남아 있다. 그래도 영상의 선명도를 놓고 벌이는 하드웨어 전쟁은 UHD 단계에서 일단 한 숨을 고르고 갈 전망이다. 당장은 더 높은 화질로 전환하기보다 UHD 방송 콘텐츠를 더 많이 수급하고 더 안정적인 서비스를 제공하는 게 우선이기 때문이다.

아날로그에서 디지털로, HD와 FHD, UHD로 전환하는 디스플레이 세계 전쟁의 승자는 대한민국이었다. 다음 수순은 UHD 시장에 안착하기 위한 다툼이다. 앞서 이야기한 것처럼 화질 경쟁이 다소 줄어드는 대신 이제 '음질'이 가장 중요한 차별화 요소로 등장하고 있다.

최근에는 간단한 블루투스 오디오부터 사운드바를 거쳐 차세대 미디어플레이어와 스피커시스템에 이르기까지 소리에 대한 관심이 점점 고조되고 있다. 이 부분에 있어서도 세계 시장에서 우리나라는 상당히 유리한 위치에 있다. 각 지역별로 UHD 방송의 오디오표준을 결정할 때 우리 기술이 다수 반영되었기 때문이다.

세계는 25년 전부터 UHD 방송 포맷을 놓고 고민을 거듭해왔다. 무척 빨리 결정된 초고화질 영상의 기준과 달리 사운드 표준에 대한 논의는 더 길게 이어졌다. 방송 사운드는 그 자체로도 간단한 분야가 아니다. 그런데 영화와의 호환성 문제도 심각하게 고려해야 한다. 게다가 모바일 시대에 접어들면서 기업이나 전문가가 아닌 일반 소비자(컨슈머)들도 휴대폰으로 손쉽게 촬영하고 녹음하기 시작했다. UHD TV는 이러한 컨슈머 파일의 사운드도 이상 없이 재생할 수 있어야 한다.

오디오의 기술표준 설정은 해상도를 결정하는 것보다 훨씬 복잡한 문제가 된 것이다. 그래도 UHD 방송을 중심으로 미디어산업이 재편되리라는 것은 너무나 분명한 일이기 때문에 세계의 음향 알고리즘 기업들은 UHD 시대의 오디오 기술표준을 차지하기 위해 전쟁을 벌였다.

전장은 북미, 유럽, 아시아 등 권역별로 묶여 있고, 경쟁자는 둘로 압축되었다. 전통의 강자인 돌비가 한 축이고, 돌비 이외 기업과 연구소 등의 MPEG 연합이 다른 한 축이다. 과거 소니와 VHS 연합군의 전쟁을 떠올리게 하는 구도이기도 하다. 돌비는 AC-4를, MPEG 연합은 MPEG-H 3D 오디오를 차세대 오디오 기술표준 후보로 내세웠다. 고무적인 사실은 MPEG-H 3D 오디오의 개발에 우리나라 기업들이 적극적으로 참여했다는 사실이다.

UHD 방송의 오디오 기술표준을 놓고 벌이는 돌비와 MPEG 연합의 전투 결과는 지역별로 발표되고 있다. 현재 북미에서만 돌비의 AC-4와 MPEG의 MPEG-H 3D 오디오가 공동표준으로 지정되었다. 그 밖의 세계 시장 대부분은 MPEG-H 3D 오디오를 표준으로 받아들일 것으로 전망된다. 나라나 권역별 특성에 따라 UHD TV의 보급 시기와 속도는 다를 것이다. 하지만 컬러TV가 흑백TV를 대체했듯, 이 역시 속도의 문제일 뿐이다.

디지털 미디어에 관해 궁금한 것들
디지털 미디어 Q&A

Q 멀티 미디어란?

A 신문과 사진, 음악, CD와 라디오는 한 가지 방식으로 제작된 미디어다. 신문과 잡지는 눈으로 보는 시각 미디어, 더 구체적으로는 활자 미디어다. 사진은 이미지를 활용하는 시각 미디어고 음악과 CD, 라디오는 청각을 이용하는 소리 미디어다. 이들은 한 가지 감각 기관을 이용하기 때문에 모노 미디어라고 할 수 있다.

이들과 달리 영화는 오디오와 비디오의 두 가지 감각 기관을 복합적으로 활용한다. 과거에는 멀티 미디어를 자유롭게 활용할 수 없었는데, 눈앞에서 공연을 하지 않는 이상 두 가지 이상의 미디어를 동시에 저장할 수 없었던 까닭이다. 20세기에 이르러서야 영화나 방송 등의 멀티 미디어를 대량으로 복제하는 게 가능해졌다. 그래서 20세기를 멀티 미디어의 시대라고 부르는데, 21세기형 멀티 미디어는 20세기의 멀티 미디어와 구분되는 몇 가지 특성을 갖는다.

첫째, 정보의 양방향 송수신이 가능해야 한다. 20세기의 방송 드라마는 방송국에서 일방적으로 전송하고, 소비자는 그 시간에 TV 앞에서 대기해야 했지만, 21세기의 IPTV에서는 정보의 소비자가 원하는 시간에 콘텐츠를 소비하다가 필요할 때에는 멈출 수도 있다.

둘째, 인터랙티브 커뮤니케이션이 가능하기 위해서는 디지털 포맷을 받아들여야 한다. 21세기형 멀티 미디어의 가장 중요한 특성을 '디지털 포맷'이라고 할 수도 있을 것이다.

마지막으로 '통합 미디어'를 지향해야 한다. 이는 디지털 포맷의 특성과도 연결된다. 20세기의 영화 콘텐츠는 극장에서, 방송 콘텐츠는 거실 TV를 통해서, 음악 콘텐츠는 방에 설치한 오디오 시스템을 통해서 소비되었다. 하지만 21세기의 디지털 멀티 미디어는 라디오 방송이나 스마트폰을 통해서 얼마든지 활용

가능하다. 이런 특성 때문에 차세대 멀티 미디어를 플랫폼 미디어라고도 한다. 여기에서의 플랫폼이란 다양한 기차(미디어)들을 받아들일 수 있는 개인용 스마트폰을 의미한다.

Q 똑같은 디지털 음원을 재생하는데, 재생기기에 따라서 음색이 달라지는 이유는?

A 재생기기의 메인 칩셋에 따라서 음색이 달라질 수도 있고, 제품 내부의 다양한 부품들이 조합을 이루면서 차이를 만들 수도 있다. 디지털 미디어의 부품 하나하나는 디지털 기술로 만들어지지만 이들을 조합하는 과정에는 아날로그적인 개입이 반드시 발생한다. 그리고 기기나 헤드폰의 출력에 따라서도 사람은 차이를 느끼게 된다. 재생기기의 제조사에서 음색을 기계적으로 설정하기도 한다. 어떤 브랜드는 따뜻한 음색을 위해서 저음역을 강조하는데, 이런 경우 소리의 깔끔한 맛은 다소 떨어지게 된다.

Q 비디오 파일을 압축할 수 있는 이유는?

A 동영상은 아주 많은 정지 영상의 모임이라고 할 수 있다. 처음 개발되었을 당시의 영화는 초당 16장의 필름을 빠르게 이동시켜 움직이는 듯한 착시현상을 일으켰고, 시간이 지나면서 영화 필름의 초당 프레임 수는 24로 늘어났다.

　　TV는 초당 30프레임으로 시청자의 눈을 속이는데, 정교한 화질의 UHD TV는 초당 60프레임까지 지원한다. 디지털 영상 미디어에서 한 장의 정지 영상은 엄청나게 많은 디지털 숫자로 표현되며, 각 지점의 색상 정보를 꼼꼼하게 기록하려면 디지털 숫자의 단위 개수가 엄청나게 많아진다.

그런데 이어지는 정지 영상들 사이에는 중복되는 정보가 많다. 인물이 움직이더라도 배경의 색상 정보는 바뀌지 않고, 사람의 세부 표정이 바뀌어도 큰 틀의 색상 정보는 달라지지 않기 때문이다. 이렇게 비슷한 밝기와 색상, 형태의 영상이 반복될 경우 길고 많은 디지털 숫자 대신 '상동'이라는 식으로 정보량을 줄일 수 있다. 비디오 파일에서 많은 정보들을 '상동'이라고 요약하는 과정이 바로 비디오의 압축 또는 부호화다.

코덱이란 압축을 진행하거나 복원하는 소프트웨어 모듈을 가리키는 단어인데, 비디오뿐만 아니라 오디오도 비디오 코덱과 오디오 코덱으로 압축된다.

Q HCI란?

A HCI는 '사람과 컴퓨터의 상호작용'을 의미하는 Human-Computer Interaction의 줄임말이다. 사실 지금까지도 모든 미디어는 사람의 제어 과정을 통해서 소비될 수밖에 없었다. 신문을 보기 위해서는 손을 휘저으며 지면을 한 장씩 넘겨야 했고, TV를 볼 때는 리모컨을 눌러서 채널을 바꾸거나 볼륨을 조절했다.

그러나 정보통신 기술이 고도로 발전한 4차 산업혁명 시대에는 20-30쪽짜리 신문이나 수십 개의 방송 채널보다 훨씬 복잡하고 다양한 미디어들이 등장한다. 우선 지금 당장 쉽게 볼 수 있는 '현재 상황'을 예로 들어볼 수 있다.

자동차라는 이동 수단을 제어하면서, 그 안의 오디오기기를 조절하다가, 갑자기 걸려온 전화에 반응해야 한다. 내비게이션도 동시에 작동시켜야 한다. 이 정도까지는 인간의 감각기관으로 '어떻게든' 해결 가능하다. HCI는 이처럼 '어떻게든' 해결할 수 있던 문제를 '손쉽고 편안하게' 제어하도록 해준다. 더 나아가

'더 이상은 해결하기 어려운' 문제들에도 적응하도록 하는 것이 HCI의 핵심이다.

앞으로는 시각과 소리 미디어 이외에도 촉각이나 후각을 활용하는 미디어까지 활용 가능해질 전망이다. 가상현실과 입체영상, 입체음향까지 도입되면 현재의 방법으로 컴퓨터를 제어하는 데 한계가 올 것이 분명하기 때문이다. HCI는 인간 친화적인 멀티미디어 제어 기술의 개발이라고 요약할 수 있다.

Q 이미지와 그래픽의 다른 점은?
A 때로는 동의어로, 때로는 다른 의미로 사용되는 단어다. 일반적으로 그래픽은 컴퓨터라는 수단으로 만들어진 그림을 뜻하고, 이미지는 카메라나 연필 같은 컴퓨터 외적인 장치로 만들었거나, 그래픽을 포함한 모든 시각적 결과물을 통칭해서 가리킨다.

아날로그 이미지는 표본화와 양자화 과정을 거쳐서 디지털 파일로 변환된다. 이는 소리에서도 다르지 않다. 아날로그 사운드 역시 미세한 시간 단위로 쪼개어져 표본화되고 양자화하면서 디지털 포맷으로 바뀌는 것이다.

Q UHD 방송에 대한 외국의 접근 방식은?
A UHD 방송 포맷의 표준화를 처음 주장한 나라가 일본인 만큼 가장 눈에 띄는 건 일본의 움직이라 할 수 있다. 일본은 2013년 6월부터 위성, 케이블, 지상파를 활용해서 다양한 UHD 전송을 실험하고 있다. 방송 장비 시장에서 잔뼈가 굵은 소니는 가정용 재생 장비는 물론 다운로드 서비스와 영화 및 방송 촬영용 카메라까지 풀 라인업을 구축한 상황이다.

미국에서는 스포츠 분야에서 우선적으로 UHD 방송 실험이 이루어지고 있다. 2014년, CBS는 슈퍼볼 콘텐츠를 송출하면서, 하이라이트 부분을 UHD로 방송했다. HD의 일반 화질과 확연하게 구분되는 UHD 하이라이트 방송은 좋은 반응을 얻었고, 슈퍼볼 시즌은 블랙 프라이데이 시즌과 함께 UHD TV 확산의 양대 시즌으로 자리를 잡아가고 있다. 중국은 2022년의 베이징 동계올림픽을 UHD 방송 전환의 분기점으로 잡고 있다.

Q 라디오 방송의 스펙에 등장하는 i와 p의 뜻은?

A i는 이제 지난 시대의 산물이라고 보면 된다. 디지털 포맷의 가장 중요한 장점 가운데 하나로 대폭 줄어든 아날로그 포맷의 정보량을 들 수 있다. 과거 아날로그 시대의 방송국은 어떻게 하면 무거운 영상 정보를 가볍게 줄일 수 있을지 늘 고민했다. 그래서 나온 기술이 인터레이스 송출 기법이다.

TV 영상을 위아래로 10등분해보자. 위에서부터 1, 2, 3, 4… 10까지 번호를 붙인다. TV 방송은 초당 30프레임으로 이루어져 있어서 워낙 빠르게 지나가기 때문에 간단한 '장난'을 쳐도 시청자는 눈치채기가 힘들 정도다. 그래서 방송국은 TV 영상을 통째로 내보내는 대신 첫 번째 프레임으로는 1, 3, 5, 7, 9의 홀수 이미지만으로 구성된 화면을, 다음 프레임으로는 짝수 이미지들만의 화면을 번갈아가면서 내보낸다. 아날로그 시대의 우리들은 영상의 절반씩만 시청하면서 온전한 화면을 보는 것처럼 속아왔던 것이다. 홀수와 짝수 이미지들을 모두 전송하는 것도 가능하다. 이 경우, 화면의 그림 배치는 똑같지만 선명한 색감은 훨씬 좋아진다. 이렇게 모든 이미지를 계속 보내는 걸 프로그레시브 방식이라고 한다.

아날로그 시대의 방송은 인터레이스 방식으로 송출되었지만, 디지털시대에는 영상 정보를 프로그레시브 방식으로 전파에 실어 보내는 게 가능해졌다. i와 p는 인터레이스와 프로그레시브 방식에서 따온 글자들로, p가 표기된 디지털 TV는 프로그레시브 방식의 영상 구현이 가능하다는 것을 뜻한다.

Q TFT-LCD TV의 작동 방법은?

A 두 장의 유리판 사이에 '액정(Liquid Crystal)'이라는 입자를 빽빽하게 배치한 것이 LCD의 기본적인 구조다. LCD의 가장 원시적인 형태는 전자시계나 계산기의 흑백 액정에서 찾아볼 수 있다. 이런 흑백 LCD의 액정은 전원의 공급 여부에 따라 비틀어지거나 그대로 있는 양자택일을 하게 된다. 액정이 비틀리면 빛을 반사하지 못해서 검게 표기되고, 원래의 모양대로 있는 액정은 빛을 반사해서 밝게 표시된다. 흑백 전자계산기의 숫자는 이런 식으로 만들어진다. 컬러 이미지를 만들려면 LCD 픽셀 하나를 세 개의 서브픽셀(레드, 그린, 블루)로 구성하면 된다. 비틀림 정도에 따라 서브픽셀들은 색의 3요소인 레드와 그린, 블루 색상을 낸다. 그리고 이들의 점멸에 따라서 다양한 색상의 조합이 가능해진다. 그런데 여기에서 끝이 아니다. 예전의 컬러 MP3 플레이어 액정은 6단계로 비틀림을 조절할 수 있었다. 이렇게되면 표현 가능한 색상 조합은 26 × 26 × 26개가 된다. 26만(정확하게는 262,144) 컬러의 지원이 가능해지는 것이다. UHD TV에선 10단계의 비틀림이 흔해지고 있다. 210 × 210 × 210가지 색상 조합은 10억 7천만 컬러를 지원한다는 뜻이기도 하다.

Q 라디오 방송의 영상을 구현하는 원리는?

A 아날로그 TV에는 화면 옆에 전자총이 달려 있었다. 전자총이 주사선을 쏴서

화면을 표시하는 방식으로 작동하던 아날로그 TV와 달리 라디오 방송은 아주 특별한 재질의 특성을 활용했다.

　TFT-LCD TV는 두 장의 유리판 사이에 액정을 빽빽하게 채우고, 액정의 일부를 찌그러뜨리거나 가만히 놔두는 방식으로 아주 작은 컬러 점들을 만들어 냈다. 이 점들이 화면을 가득 메우면서 화려한 영상이 만들어지는 것이었다. 이와 달리 PDP TV는 진공 상태의 내부에 가스를 채워둔다. 그리고 전압을 흘리면 가스가 활성화되었다가 원상태로 돌아간다. 이 과정에서 다양한 색상의 오로라 같은 '플라즈마'가 만들어진다. PDP는 플라즈마(Plasma)로 디스플레이(Display)하는 패널(Panel)의 줄임말이다. PDP는 반응 속도가 빠르지만 전기를 많이 먹고 발열이 높은 단점 때문에 TFT-LCD에 밀려났다.

　TFT-LCD TV에서는 액정이 빛을 반사해야 한다. 따라서 백라이트가 반드시 필요한데, LED를 백라이트로 사용해서 발열과 전력 소모를 줄이는 LED TV가 등장했다. 하지만 커다란 범주에서 보면 LED TV가 TFT-LCD TV의 기술에서 완전히 벗어났다고 하긴 어렵다.

　이와 달리 OLED TV는 백라이트 패널 대신 자체 발광하는 OLED를 사용하기 때문에 기술적으로 한 차원 위의 제품이라고 할 수 있다. 백라이트가 필요 없기 때문에 아주 얇게 만들 수도 있고, OLED를 자유롭게 배치할 수 있으므로 어떤 형태로도 가공할 수 있다. 그러나 OLED TV는 아직 가격이 비싸고, 잔상 문제가 완전히 해결되지 않았다는 단점도 지니고 있다.

Q　유럽식 UHD 방송과 미국식 UHD 방송의 차이점은?
A　DVB-T2와 ATSC 3.0을 각각 유럽식과 미국식 UHD 방식이라고 한다. 유럽의

여러 나라가 이미 DVB-T2 방식으로 방송을 즐기고 있다. 사용 기간이 있기 때문에 이제 막 상용화한 ATSC 3.0보다 안정성은 높다. 하지만 인터넷 데이터의 전송 속도는 최신 기술인 ATSC 3.0이 월등하게 빠르다. 우리나라는 ATSC 3.0을 채택해서 최신식 UHD 방송 기술을 가장 적극적으로 받아들이고 있다.

Q 블루레이는 왜 블루레이인가?

A 푸른(Blue) 광선(Lay)을 이용하기 때문에 블루레이(Blu-Ray)라고 부른다. DVD가 CD를 대체한 것처럼 블루레이 디스크는 DVD를 대신하는 광 디스크 저장매체로 완전히 자리를 잡았다. 외견상 블루레이 디스크는 DVD와 완전하게 동일하다. 직경 12cm에 1.2mm의 두께는 DVD의 외형 그대로다. 이는 블루레이와 DVD가 똑같은 A4용지의 형태를 하고 있는 것으로 이해하면 된다. 핵심은 'A4용지 위에 얼마나 빽빽하게 글씨를 담아낼 수 있는가' 하는 기술에 있다. DVD는 붉은 네임 펜이고, 블루레이는 아주 가는 파란색 수성 펜에 해당한다.

　광디스크는 트랙의 표면에 레이저로 얇은 홈을 만들어 정보를 저장한다. 레이저가 가늘면 가늘수록 더 많은 용량을 기록할 수 있다. DVD는 605nm 파장의 붉은 레이저를 활용하고, 블루레이는 이보다 가는 405nm의 푸른 레이저 광선으로 홈을 만든다. 블루레이를 Blue-Ray가 아닌 Blu-Ray로 표기하는 이유는 상표 등록을 위해서 의도적으로 모음 한 글자를 제외했기 때문이다.

Q THX 인증 블루레이를 재생할 때에는 왜 THX 표시가 나타나지 않나?

A 아마도 블루레이에는 돌비와 DTS 표시만 나올 것이다. 그건 돌비와 DTS가 블루레이의 소리 정보를 기록한 기술이기 때문이다.

　THX는 기술이 아니라 음향 성능의 우수성을 인증하는 품질 보증 마크에 해당한다. 'THX'라는 이름은 조지 루커스의 영화 〈THX 1138〉과 '톰린슨 힐먼의 실험(Thomlinson Hilman's Experiment)'에서 유래했다. 1980년대 초반 조지 루커스 감독은 '스카이워커 사운드 퍼실리티'라는 회사를 만들어서 극장 음향 시스템에 대하여 연구했다. 음향 엔지니어인 힐먼은 미국 극장의 물리적인 공간, 좌석 배치, 영사실의 위치, 스크린과 관객 사이의 거리와 각도, 스피커의 배치 등의 구체적인 기준을 마련했다. 그리고 이들은 기준에 부합하는 극장들을 선별해서 THX 인증 마크를 부여했다. THX 인증에는 비용이 따르는데, 심지어 한 번 THX 인증을 받아도 다음 해의 실사에서 탈락하면 인증이 취소되기도 한다.

 시간이 흘러 홈시어터가 인기를 끌자 DVD나 블루레이도 THX 인증을 받을 수 있게 되었다. THX 인증은 소리의 제작뿐만 아니라 확인마저도 산업이 된다는 걸 보여주는 사례다.

3

이제 세계는
소리전쟁의 시대

먼 옛날, 사람들은 소리에 신비한 힘이 담겨 있다고 믿었다. 오죽하면 성경이 '태초에 말씀이 계셨다'고 시작할까? 힌두교와 불교에서도 '옴'이라는 성스러운 음절을 중요하게 생각하는데, 옴이 태고적 창조의 소리이기 때문이라고 설명한다. 소리의 위용은 근대 이후에도 당당하다. 라디오와 전화의 발전이 한창이던 20세기 초반의 소리산업은 나라별 과학 기술의 척도였다. 영화와 게임, 텔레비전 등의 새로운 미디어가 등장한 20세기 후반에도 소리는 경쟁력의 원천이 되었다.

사람의 소리로
사람의 마음을 움직이다

　먼 옛날, 사람들은 소리에 신비한 힘이 담겨 있다고 믿었다. 기원전 3,000~4,000년경의 메소포타미아와 이집트 유물은 그 당시에 이미 여러 악기를 사용했다는 사실을 보여준다. 사람의 목소리도 중요한 악기다. (정교회나 이슬람교에선 죽은 물건으로 만든 악기로 신을 찬양할 수 없기 때문에 살아 있는 악기, 즉 인간의 목소리만으로 절대자를 찬송한다.) 그래서 인류는 까마득한 옛날부터 그들의 가장 중요한 이야기에 운율을 붙여 시와 음악을 만들었다.

　인류 최초의 문명인 수메르에선 길가메쉬 서사시를 지었고, 그리스의 서사시들도 기원전 7세기와 8세기 무렵에 등장했다. 지금도 인류의 가장 위대한 문학작품의 앞부분에 이름을 올리는 〈일리아드〉와 〈오디세이〉도 기원전 8세기에 쓰인 것으로 추정된다. 대大서사시의 작가에 대해서 우리는 아무 것도 알지 못한다. 전하는 바에 따르면 저자의 이름은 '호메로스'이고, 지금의 터키 서부인 이오니아 지방의 장님이라는 설이 있지만 확실하지 않다. 그리스의 일부 지역에서 호메로스는 장님을 가리키기 때문에 호메로스는 개인이 아니라 시와 노래로 먹고 사는 장님 집단을 의미한다는 주장도 있기 때문이다.

아무튼 기원전 8세기에 만들어진 기나긴 서사시를 그리스의 음유시인들은 200년 동안이나 암송하며 후대에 전했다. 기원전 6세기에야 〈일리아드〉와 〈오디세이〉는 파피루스 문서에 기록되었다. 그런데 고대 그리스의 기록을 살펴보면 의미심장한 대목이 있다. 원자론을 주장한 그리스의 과학자는 더 깊이 생각하기 위해서 스스로 눈을 멀게 했다고 한다. 또 "눈이 멀지 않으면 시인이 될 수 없다"는 고대의 기록도 존재한다.

임권택 감독의 영화 〈서편제〉에서도 비슷한 설정이 등장한다. 이 영화는 소리에 집착하는 판소리꾼의 이야기를 담고 있다. 그는 수양딸이 한 서린 소리를 얻게 만들려고 그녀에게 독을 먹여 눈을 멀게 만든다. 동서고금을 막론하고 소리에 대한 집착은 이와 같았다.

〈일리아드〉와 〈오디세이〉가 서양의 가장 중요한 문학작품이라면 중국에는 〈시경〉이 있다. 시경은 기원전 1,100년경부터 기원전 600년경까지의 500년간의 중국 시 305편을 모은 책이다. 시 가운데는 궁중 제례에 사용된 음악도 있고, 남녀 사이의 사랑 이야기를 담은 것도 있다. 구전으로 떠도는 시들을 모아서 편찬한 이가 공자이기 때문에 시경은 문학작품을 넘어 유가의 가장 중요한 경전으로 자리 잡았다.

이러한 동서양의 대표 고전이 아니어도 시와 노래는 전 세계 어디에서나 사람들의 마음을 사로잡았다. 그리스에선 비극이, 로마에선 희극이 인기를 끌었다. 게르만 민족대이동으로 로마제국이 붕괴된 후에도 방랑시인은 기사도 정신을 노래했고, 르네상스 이후로는 우리가 클래식으로 인정하는 서양 음악이 우후죽순 등장했다.

1597년에는 이탈리아 피렌체의 한 백작 저택에서 그리스신화를 음악극으로 만들었다. 오페라가 처음으로 상연된 것이다. 오페라는 이탈리아 전역에서 큰 인기를 끌었고, 1637년에는 최초의 오페라극장이 문을 열었다. 17세기 후반이 되면 오페라는 유럽 각국으로 퍼져나가 나라별로 서로 다른 스타일을 만들어갔다.

오페라는 각 나라의 문화적 수준을 가늠하는 잣대가 되기도 했다. 그래서 서양의 도시들은 화려한 오페라극장을 설립하는 데 혈안이 되었다. 밀라노의 스칼라극장, 로마의 오페라 하우스, 빈의 국립 오페라, 베를린의 독일 오페라 극장·국립 오페라 극장, 파리의 오페라 극장, 뉴욕의 메트로폴리탄 오페라, 런던의 코벤트 가든 왕립극장, 모스크바의 볼쇼이 극장, 시드니의 오페라 하우스, 오슬로의 오페라 하우스 등이 대표적인 극장들이다. 18세기 후반부터는 관현악을 발전시킨 교향곡도 출현했다.

유럽의 고전음악은 지금까지 전 세계의 많은 사람들에게 감동을 주고 있다. 하지만 그건 축음기가 만들어진 이후의 일이다. 축음기의 개발은 19세기 중반부터 시작되었다.

원리는 간단하다. 끝부분에 아주 날카로운 바늘을 장착한 메가폰을 준비한다. 바늘 아래에 섬세하게 긁히는 판을 댄다. 그리고 메가폰에 소리를 들려준다. 소리는 메가폰의 진동으로 바뀐다. 진동의 형태를 따라서 바늘은 판에 흠집을 낸다. 이번에는 반대로 판의 흠집을 따라 바늘이 움직이도록 하고, 바늘의 진동을 소리로 바꾸면 녹음한 소리를 들을 수 있다. 이것이 원시적인 전축의 원리인데, 턴테이블과 레코드판의 작동 과정도 여기에서 크게 달라지진 않는다.

에디슨은 원통형으로 말아낸 얇은 주석을 사용하는 축음기를 개발했다. 그리고 직접 '메리는 작은 양을 가지고 있었네'라는 노래를 녹음했다. 노래는 잘 녹음되었지만 재생된 소리는 너무 작아서 알아듣기 힘들었다.

소리를 전달하는 기술은 빠르게 발전했다. 전화 등의 통신기술은 나라의 정보력을 몇 단계 높여줄 첨단과학이었기 때문이다. 소리를 깨끗하게 전송하고 재생하는 방법에 국운이 걸려 있다고 이야기해도 과장이 아니었던 것이다. 그래서 오래된 빈티지 오디오들은 초창기의 통신회사들에서 생산한 제품이 많다.

   1920년대에서 1930년대 사이 미국의 벨 연구소는 2만 명의 전기공학박사들을 고용해서 소리와 관련된 기술을 연구했다. 소리는 전화선을 타고 2차 산업혁명의 생산성을 비약적으로 향상시켰다. 라디오도 정보 확산의 첨탑 역할을 수행했다. 소리는 영상과 결합하기도 했다. 유성영화가 만들어진 것이다.

세계 영화 시장을 좌우한
소리의 힘

프랑스 파리의 카푸신 4번가에는 1875년에 오픈한 그랑카페가 아직까지 영업 중이다. 이 카페는 1895년에 뤼미에르 형제가 세계 최초로 영화를 상영한 장소로 유명하다. (뤼미에르 형제의 영화는 지금도 유튜브에서 확인할 수 있다.)

사진은 영화보다 먼저 개발된 근대적인 예술 장르다. 1823년, 프랑스에서 사진 기술이 발명된 후 많은 예술가와 발명가들은 필름의 활용 방법을 발전시키려고 고민을 거듭했다. 여러 장의 필름을 이어 붙여 움직임을 재현하는 기술도 등장했다. 1878년에는 연속된 24장의 말 사진으로 말이 달리는 듯한 착시 현상을 일으키기도 했다. 이러한 시도에 흥미를 가진 에디슨은 1889년에 혼자서 움직임을 볼 수 있는 키네토스코프를 발명했다.

미국과 유럽의 발명가들은 움직이는 영상을 여러 명이 함께 볼 수 있는 장치를 개발하고 싶어 했다. 프랑스와 미국, 독일, 영국에서 비슷한 시기에 영화 카메라와 영사기가 만들어졌다. 사진기의 발명은 필연적으로 영화의 개발로 이어졌다.

가장 먼저 사람들 앞에서 영화를 상영한 건 프랑스의 뤼미에르 형제였다. 그들은 그랑카페를 빌려서 상업적으로 영화를 틀었다. 그들의 영화는 짧고 내용도 단순했다. 기차가 다가오거나, 퇴근 시간에 공장에서 사람들이 우르르 쏟아져 나오거나, 부부가 아기에게 이유식을 떠먹이는 게 전부다. 그런데 1895년의 관객들은 이 영화에 엄청난 충격을 받았다. 어딘가에서 기차가 갑자기 나타나서 자신을 향해 돌진하는 데 놀라지 않을 수 없었던 것이다. 그들은 기차를 피하려고 소리를 지르며 자리에서 일어났다.

미국과 유럽의 많은 사업가와 예술가들이 움직이는 그림에 관심을 가졌다. 그런데 대륙에 따라 그 접근법은 사뭇 달랐다. 유럽에선 영화를 미술의 연장으로 인식했다. 작가의 화폭이 되어야 할 필름은 저렴한 가격에 판매되었다. 프랑스에선 인상주의, 독일에선 표현주의 양식의 '예술영화'가 만들어졌다. 유럽 영화는 처음부터 예술영화로 시작된 것이다. 미국은 다른 방향에서 영화에 접근했다.

발명가 이상으로 사업가였던 에디슨은 영화의 산업적인 가치를 알아봤다. 그래서 그는 영화 필름에 높은 가격을 책정했다. 미국에서 영화를 만든 사람들은 비싼 필름 값을 지불한 만큼 그 이상의 수입을 창출해야 했다. 투자 여유가 크지 않은 이들은 포르노영화로 적당한 수입을 올렸다. 하지만 영화의 가능성을 확신했던 이들은 대대적으로 투자를 유치해서 블록버스터를 만들었다.

1903년에는 〈대열차 강도〉가 제작되었다. 영화의 내용은 이렇다. 열차를 장악한 강도들이 승객들을 약탈한 후 말을 타고 산으로 도망친다. 이 사실을 알게 된 민병대는 추격에 나서 강도들을 전원 사살한다. 복잡한 스토리라인을 가진 건 아니지만 그림으로서의 영화가 아니라 이야기로서의 영화라는 점은 명백하다. 〈대열차 강도〉는 흥행에 크게 성공했다.

미국의 영화산업은 유럽보다 훨씬 빠르게 발전했다. 하지만 산업의 규모가 상대에 대한 우월성을 보장하진 않는다. 유럽에선 유럽 나름의 방식으로 영화를 발전시켰고, 소련에선 혁명의 도구로 활용될 영화를 만들어갔다. 지나치게 단순화하는 위험성이 있긴 하지만 미국 영화는 스토리를, 유럽 영화는 이미지를, 소련 영화는 충격적인 편집을 중심으로 각자의 스타일대로 평행선을 그리며 발전했다.

균형은 1927년에 깨졌다. 최초의 유성영화 〈재즈 싱어〉가 개봉한 것이다. 미국의 영화사들은 1917년 이후 뉴욕을 벗어나 캘리포니아로 옮겨오기 시작했다. 1920년대에는 MGM이나 유니버설, 파라마운트, 컬럼비아, 워너브라더스 등의 메이저 영화 제작사들이 설립되었다. 워너브라더스도 비슷한 시기에 문을 연 영화사 가운데 하나였다. 당시 영화 제작사의 파워는 얼마나 많은 극장을 보유하고 있는가에 따라 결정되었는데, 워너브라더스는 극장 체인을 하나도 가지지 못한 상황이었다. 워너브라더스가 재정적인 어려움을 벗어나기 위해 선택한 방법이 영화에 소리를 입히는 것이었다.

〈재즈 싱어〉가 완벽한 유성영화였던 것은 아니다. 영화의 대부분은 소리가 없었고, 노래하는 장면 일부에만 소리를 입혔다. 하지만 부분적인 소리의 도입만으로도 관객은 열광했다. 1928년 말, 할리우드가 보유한 녹음기계는 16대였다. 1년 사이에 할리우드 영화사는 100대의 녹음 설비를 확충했다. 극장에도 변화의 바람이 불기 시작했다. 2만 여 개의 미국 영화관들 대부분이 음향 설비를 세팅했다.

소리가 추가되면서 미국의 영화는 유럽이나 소련 영화와는 질적으로 달라졌다. 소리는 촘촘한 이야기 구조를 강조하는 시나리오 중심의 미국 영화와 찰떡궁합이었다. 유럽이 파시즘의 광기에 사로잡히면서 독일의 프란츠 랑 등 우수한 감독들이 미국으로 이주하기 시작했다. 뛰어난 기술 스태프들도 유럽을 떠났다(영화뿐만 아니라 아인슈타인 등 과학과 문화계의 많은 명사들이 미국행을 택했다).

1930년대가 되면 할리우드 영화는 세계에서 독보적인 위치를 차지하게 되었다. 영화에 소리를 도입한 후 1950년대까지의 미국 영화를 '할리우드 클래식'이라고 한다. 볼거리였던 영화의 경쟁력은 뜻밖에도 소리에 의해 결정되었던 것이다.

할리우드는 어떻게
세계를 장악할 수 있었을까

제2차 세계대전 이후 유럽 영화는 반격의 포문을 열었다. 할리우드 클래식 시기의 미국 영화에는 몇 가지 특징이 있다. 스타 시스템, 탄탄한 시나리오, 완벽하게 통제되는 스튜디오 촬영 등이 그것이다. 그런데 전쟁을 겪으면서 사람들은 스튜디오의 말랑말랑한 분위기를 식상하게 느끼기 시작한 것이다.

전후 이탈리아는 지극히 사실적인 영화를 쏟아냈다. 영화는 할리우드 시스템과 정반대로 만들어졌다. 스타 배우 대신 아마추어를 고용해서 어눌하지만 사실적인 연기를 담았다. 스튜디오를 벗어나 길거리로 나선 것도 신선한 도전이었다.

이탈리아의 사실주의 영화 사조인 '네오-레알리스모(네오-리얼리즘)'이라고 하는데, 대표작으로는 〈무방비 도시〉와 〈자전거 도둑〉이 꼽힌다. 로베르토 로셀리니 감독의 〈무방비 도시〉는 1945년

작품이다. 나치 점령하의 로마에서 레지스탕스들이 독일군에 의해 살해당하는 내용을 다루고 있다. 이 영화에는 긴박감 넘치는 스토리가 없다. 하지만 거친 흑백 화면 속의 등장인물 다수는 실제 레지스탕스 출신이었다. 촬영도 레지스탕스들이 저항하고 체포되고 처형된 실제 장소에서 이루어졌다.

우수한 녹음 장비는 없었지만 배우들의 숨죽인 호흡 소리는 관객의 심장 박동을 빠르게 했다. 전 세계가 〈무방비 도시〉에 열광했다. 심지어 할리우드의 톱스타였던 잉그리드 버그먼은 이 영화를 본 후 이탈리아로 넘어와서 로베르토 로셀리니 감독에게 적극적으로 구애했다. 로셀리니와 버그먼 둘 다 유부남, 유부녀였는데도 말이다.

3년 후에 만들어진 비토리오 데 시카 감독의 〈자전거 도둑〉은 전후 이탈리아 시민의 가난한 삶을 여과 없이 보여준다. 영화의 내용은 역시 간단하다. 전후 이탈리아에선 일자리를 구하기가 하늘의 별을 따기보다 힘들다. 주인공 아빠는 '자전거'라는 경쟁력을 갖추고 있었는데, 어느 날 그 자전거를 도둑맞는다. 자전거가 없으면 일을 구하기 어렵고 가족을 부양할 길도 사라진다. 아빠는 어린 아들과 함께 로마 시내를 떠돌아다니며 사라진 자전거를 찾는다. 〈자전거 도둑〉은 전문 배우를 단 한 명도 기용하지 않은 영화다. 아빠는 공장 노동자였고, 아들은 거리의 부랑아였다. 스튜디오 씬 역시 단 한 컷도 없다. 〈자전거 도둑〉 역시 전 세계의 박스

오피스를 뒤흔들었다.

그다지 재미있을 것도 없는 스토리지만 리얼리티의 힘은 그렇게나 강렬했던 것이다. 이탈리아 네오-리얼리즘 영화의 핵심이 리얼리티에 있다면, 그 리얼리티를 살리는 힘은 과감한 영상에 있었다.

1960년대와 1970년대에는 프랑스와 영국, 독일의 영화들이 할리우드의 아성에 도전했다. 프랑스의 누벨바그(뉴웨이브) 감독들은 미국 영화의 작가주의에 찬사를 보냈지만 스토리 위주의 할리우드와는 다른 방식의 영화에 도전했다.

장 뤽 고다르 감독은 〈네 멋대로 해라〉에서 툭툭 끊기는 편집으로 시각적인 충격을 줬다. 〈미치광이 삐에로〉의 줄거리는 일반적인 스토리라인으로 설명이 불가능하다. 하지만 주인공 장 폴 벨몽도가 빨갛고 노랗고 원색적인 다이나마이트 뭉치를 얼굴에 감는 마지막 장면은 잊기 힘들 만큼 충격적이다. 프랑수아 트뤼포 감독의 영화들은 유려한 영상으로 관객에게 기쁨을 줬다. 영국의 뉴 브리티시 시네마나 독일의 뉴 저먼 시네마도 그들만의 영상 문법을 만들며 세계 영화팬들의 관심을 모았다. 지금은 이러한 영화 사조가 영화학도의 교과서에서나 찾아볼 수 있지만 1960년대와 1970년대에는 막강한 티켓 파워를 자랑했다.

다시 영화가 처음 개발되던 당시로 돌아가자. 유럽 영화는 이미지를, 할리우드 영화는 스토리를 중심으로 만들어졌다고 이야기한 바 있다. 소리의 선제적인 도입은 할리우드가 세계 영화 시장을 평정하게 만들었다. 하지만 유럽 영화도 소리를 받아들이고 독자적인 이미지를 적극 활용한 결과 세계 영화 시장에 균열을 일으킬 수 있었다.

사실 유럽의 이미지 영화들이 큰 반향을 얻게 된 데에는 또 다른 이유가 있다. 1952년, 미국에는 텔레비전 네트워크가 방방곡곡 설치되었다. 과거에는 영화처럼 저렴하고 재미있는 여가 활동이 없었다. 그런데 텔레비전이 보급되면서 상황이 달라진 것이다. 흥미진진한 이야기는 두 시간의 스크린에 압축해 넣는 것보다 드라마로 차근차근 풀어내는 게 훨씬 효과적이었다.

할리우드가 자랑하던 탄탄한 시나리오가 외면받게 된 또 하나의 이유는 텔레비전이었다. 하지만 유럽의 이미지 영화에는 텔레비전 드라마나 쇼로 커버할 수 없는 강렬함이 담겨 있었다.

할리우드는 대책을 강구했다. 그들은 복잡한 이야기 구조를 단순화하는 대신 자신들도 이미지를 강화하기로 결정했다. 그렇다고 유럽 영화의 예술적인 영상미를 따르겠다는 것은 아니었다.

할리우드는 물량과 규모의 볼거리를 준비했다. 70mm 필름으로 제작된 1957년의 〈콰이강의 다리〉, 1962년의 〈아라비아의 로렌스〉, 1965년의 〈닥터 지바고〉는 압도적인 영상미로 관객을 사로잡았다. 〈아라비아의 로렌스〉는 2008년에도 AP통신이 선정한 'PC 모니터로 봐선 안 되는 영화' 1위를 차지하기도 했다.

1970년대의 할리우드는 볼거리에 특화된 영화 장르도 개척했다. 재난영화가 그것이다. 1972년의 〈포세이돈 어드벤처〉나 1974년의 〈타워링〉은 제한된 공간에서 스펙터클한 볼거리를 숨막히게 선사했다. 재난영화의 마스터피스는 1975년에 만들어졌다. 빠밤 빠밤 빠밤 빠밤. 몇 개의 글자만으로도 영화의 제목을 알아채는 이가 적지 않을 것이다.

스티븐 스필버그가 연출한 〈죠스〉는 전 세계의 여름 극장가를 서늘하게 했다. 재난영화답게 줄거리는 단순하다. 피서 철을 맞아 평화로운 해수욕장이 개장하지만 거대한 식인 상어 한 마리가 나타난다. 바다는 피로 물들고, 상어잡이의 어중이떠중이 전문가들이 모여든다. 〈죠스〉는 군더더기가 없는 영화다. 내용도 간결하지만 단순한 모티프를 반복하는 존 윌리엄스의 사운드 트랙도 영화의 몰입도를 높이는 데 큰 역할을 했다.

스티븐 스필버그는 제작자로도 왕성하게 활동했다. 〈그렘린〉의 조 단테, 〈백 투 더 퓨처〉와 〈포레스트 검프〉의 로버트 저메키스, 〈나 홀로 집에〉의 크리스 콜럼버스는 스필버그 사단의 대표적인 감독들이다. 이외에도 〈아나스타샤〉 등의 애니메이션을 연출한 돈 블루스나 〈리쎌웨폰〉 시리즈로 액션영화에 한 획을 그은 리처드 도너 등도 스필버그의 도움을 받았다. 이들, 스필버그 사단은 1980년대와 1990년대 할리우드 영화에서 맹활약하며 '제2의 할리우드 전성기'를 이끌었다.

스필버그 사단의 영화에는 공통점이 있다. 아이들도 공감할 수 있도록 단순화한 스토리를 빼어난 시각효과로 다듬으며 모든 연령층을 관객으로 포섭한다는 것이었다. 그런데 할리우드에는 스필버그와 어깨를 나란히 할 만큼 놀라운 시각효과를 만들어낸 감독이 한 명 더 있다. 영향력도 어마어마했다. 〈스타워즈〉의 조지 루카스이다. 1970년대 중반 이후 할리우드는 다시 세계 영화 시장을 석권했다.

그런데 조지 루카스와 스티븐 스필버그의 진짜 힘은 화려한 볼거리에만 국한되지 않았다. 이들에겐 숨겨진 비밀 무기가 있었다. 바로 사운드였다. 이들은 각각 돌비와 DTS라는 오디오 알고리즘의 지원을 받으며 전혀 새로운 사운드의 영화 시스템을 구축하는 데 성공했다.

지난 20세기는 영상이 아닌
소리의 시대

어떤 사람들은 지난 20세기를 영상의 시대라고 한다. 텔레비전이나 극장이 미디어산업의 중심을 차지했으니 충분히 타당한 주장이다.

그러나 1900년대 내내 우리 삶에 텔레비전보다 훨씬 큰 역할을 끼친 기계는 전화기일 것이다. 전화기는 너무 가까운 존재가 되었기에 산소처럼 그 중요성을 깨닫지 못할 뿐이다. 앞에서 살펴본 것처럼 원거리에 소리를 전하는 전화와 라디오는 20세기 초반의 가장 중요한 미디어산업으로 성장했다.

소리를 멀리 전할 때 가장 중요한 요인은 선명함이다. 어떤 소리인지 명확하게 알아들을 수 있어야 한다. 다행히 많은 엔지니어들의 노력 결과 전화나 라디오는 일찌감치 만족스러운 음질을 확보했다. 그러나 음악이나 영화 같은 미디어산업은 알아듣는 것 이상의 사실적인 효과를 원했다. 그래서 등장한 것이 스테레오 사운드였다.

잠깐 간단한 실험을 해보자. 앞에 볼펜 한 자루를 놓고 왼쪽 눈을 가려보자. 볼펜은 그대로 두고 이번에는 오른쪽 눈을 가려보자. 볼펜의 위치가 달라지는 것을 느낄 수 있다. 볼펜으로부터 두 눈까지의 거리가 다르니 당연한 결과다. 우리가 무엇을 본다는 것은, 왼쪽과 오른쪽 눈에 들어온 서로 다른 정보를 뇌에서 종합해서 입체적으로 재구성하는 행위다.

3D 영상은 두 눈에 서로 다른 정보를 전달하고 뇌에서 재구성하도록 해서 만든다. 일반적으로 3D 영상을 보기 위해선 전용 안경이 필요하다. 이 안경은 두 눈이 서로 다른 정보를 받아들이도록 만들어졌다.

가장 원시적인 3D 안경은 한쪽에 파란 필터를, 다른 한쪽에 빨간 필터를 대는 식으로 만들어졌다. 파란 필터를 댄 눈은 파란 부분이, 빨간 필터를 댄 눈은 빨간 부분이 삭제된 정보를 받아들인다. 셔터 방식의 안경도 원리는 똑같다. 좌우의 셔터가 번갈아가며 열렸다 닫히기를 반복한다. 화면에는 피사체의 위치 정보를 살짝 다르게 해놓은 2개의 영상이 셔터 스피드에 나타난다. 좌우 눈은 전혀 다른 영상을 받아들이고, 뇌가 두 가지 정보를 조합하면서 우리는 입체 영상을 보는 듯한 착시에 빠진다.

두 눈에 들어오는 영상 정보가 다른 것처럼 두 귀에 들어오는 소리의 정보가 다른 건 너무나 당연한 일이다. 스테레오 사운드는 두 귀에 서로 다른 음향을 전달해서 공간의 입체감을 만든다는 개념에서 출발한다.

많은 사람들이 2개의 스피커에서 나오는 음악을 스테레오로 오해하지만 아무리 음질이 좋아도 양쪽에서 똑같은 소리가 나온다면 그 사운드는 스테레오가 아니라 모노 2.0이 된다. 스테레오 사운드는 오디오 기술의 발전에 아주 중요한 역할을 했다.

스테레오 음향은 영국의 블럼라인이 처음 개발했다. 영화를 보던 그는 한꺼번에 뭉쳐서 나오는 배우들의 대사를 보고 매우 불편해졌다. 화면 속에서 배우들은 좌우로 나뉘어 있는데, 하나로 뭉쳐버린 대사로는 누가 말하는지 구분할 수가 없던 것이다.

블럼라인은 좌우에 하나씩 마이크를 설치해서 녹음하고, 분리된 녹음 결과를 스피커로 재생하면 입체적인 사운드를 즐길 수 있으리라고 생각했다. 아주 단순하지만 정확한 발상이었다. 그는 한 발 더 나아가서 하나의 축음기 음반에 두 채널의 소리를 기록하는 방법도 고안해냈다. 1931년, 블럼라인은 이러한 발상과 기술로 특허를 냈다.

영국에서 태어나 미국에서 주로 활약한 지휘자 레오폴드 스토코프스키도 녹음 기술의 발전에 매우 중요한 역할을 했다. 1931

년, 필라델피아 오케스트라를 이끌던 그는 벨 연구소와 함께 스테레오 방식의 녹음 실험을 벌였다. 스토코프스키는 실험 결과를 직접 청취한 후 소리가 뭉치지 않는다며 만족감을 표시했다. 몇 년 후 그는 세계 최초의 스테레오 영화 녹음에도 참여했다.

1939년, 월트 디즈니는 애니메이션과 클래식 음악을 결합한 〈판타지아〉를 제작했는데, 소토코프스키가 연주를 이끌었다. 이때는 여러 대의 마이크를 이용해서 악기들마다의 소리를 별도로 녹음하는 기술이 사용되었다. 스테레오 사운드는 소리의 명료도를 높이고 입체감을 살려줬다.

지금도 20세기 초중반의 오래된 음악 콘텐츠가 종종 발견되곤 하는데, 전문가들은 소리를 분석해서 녹음 시기를 추정한다. 특히 드럼 소리가 중요하다. 아주 옛날에는 녹음에 한 대의 마이크만 동원했다. 마이크는 밴드나 오케스트라의 앞쪽 정중앙에 놓는 게 일반적이었다. 뒤쪽 측면의 드럼 소리는 잘리거나 뭉개져서 녹음될 수밖에 없었다. 그런데 멀티채널의 녹음 시설을 도입하면서 드럼 소리가 살아나기 시작했고, 스테레오 방식의 정밀 녹음까지 진행되면 악기들의 소리 명료도는 더 높아지는 게 당연했다.

1948년에는 한 면에 20분 분량의 음악을 담을 수 있는 LP(Long-Playing record)가 개발되었다. LP는 1963년에 개발된 카세트테이프와 함께 음반의 시대를 열었다. 미국과 유럽의 가정에선 턴테이블을 타고 음악이 흘러나오기 시작했고, 소리와 함께 성장한 청년층은 새로운 음악에 목말라했다.

　1960년대와 1970년대의 히피운동, 68운동 반전운동은 모두 대중음악의 발전과 깊은 관계를 가지고 있다. 소리를 재생하는 오디오기기는 모든 가정의 필수품으로 자리 잡아갔다. 베트남전쟁 참전과 중동의 건설 붐으로 달러가 들어오기 시작하면서 우리나라에도 오디오 열풍이 불었다.

　오디오는 혼수품의 첫줄에 이름을 올렸다. 마란츠의 고급 앰프는 10평대의 우리나라 초창기 대단지 아파트 한 채와 맞먹을 만큼 고가에 거래되기도 했다. 해외 건설 현장에서 돈을 벌어온 어떤 이는 아파트와 앰프 사이에서 고민하다가, 전쟁이라도 나면 아파트를 들고 도망갈 순 없다며 앰프를 구매하기도 했다.

　가정용 오디오 시장이 크게 발전하면서 좌우의 2채널에서, 뒤쪽의 2채널을 추가한 4채널의 스테레오 기술도 등장했다. 옛날 마란츠의 리시버앰프는 2218, 2270, 2285 하는 식의 모델명을 채택했는데, 이름에서 앰프의 사양을 읽을 수 있다. 앞의 2는 2채널을 가리키고, 뒤의 두 자리는 출력을 나타내는 숫자였다. 2218은 총 출력 18와트의 2채널 앰프라는 식이었다. 4채널 스테레오 기술의 등장으로 마란츠는 4300 등의 새로운 모델을 출시했다. 파이오니아나 산수이 등의 다른 오디오 브랜드도 4채널 앰프를 내놓았다. 그러나 4채널로 녹음된 소스가 많지 않아서 초창기의 멀티채널 오디오는 큰 인기를 끌지 못하고 사라졌다.

1980년, 소니가 출시한 워크맨은 가정용 오디오 시장에 혁신을 불러왔다. 사람들은 이동 중에도 음악을 즐길 수 있게 되었다. 흔히 1980년대를 음악의 시대, 1990년대를 영화의 시대, 2000년대를 인터넷의 시대라고 이야기한다. 1980년대 대중문화에서 음악이 얼마나 중요했는지 알려주는 표현이라고 하겠다.

　1980년대 초반에 개발되어 중반부터 보급되기 시작한 CD는 깔끔한 음질로 많은 사랑을 받았다. CD는 소리의 디지털시대를 열었다는 점에서 의의가 크다.

20세기 소리산업의 주요 사건
에디슨의 축음기에서 애플의 아이팟까지

1877년 토마스 에디슨이 세계 최초로
축음기 phonograph 발명

에디슨은 10년간 축음기의 성능을 향상시킨 후 1887년에 공장을 설립해서 1889년부터 본격적으로 생산과 판매에 나섰다. 하지만 당시의 축음기는 음악 재생장치보다 녹음기에 가까웠다. 속기사의 역할을 대체할 미래 기계였던 셈이다. 1887년, 베를리너가 원반형 축음기인 '그래머폰'을 발명했다. 유명한 클래식 음반 회사인 '도이치 그래머폰'의 그 그래머폰이다. 대중음악 시장의 가능성은 그래머폰이 문을 열었다고 봐야 할 듯하다.

1925년 레코드 대량 생산 시작
(레코드에는 앞뒤 4분씩 녹음)

공장에서 대량으로 '찍어낼' 수 있게 되었지만 실제 가정용 음악 시장이 완전히 열리는 건 1950년대의 일이다. 1920년대와 1930년대에는 아주 부유한 소수만이 '짧은' 레코드 음악을 즐겼고, 대부분의 사람들은 라디오에 더 큰 애정을 가졌다. 1938년, 오손 웰즈가 라디오 드라마에서 "외계인이 침공했습니다. 즉시 대피하십시오."라는 방송을 하자 미국에서 대대적인 피난 소동이 벌어지기도 했을 정도다.

1927년 최초의 유성영화
〈재즈 싱어〉 제작

―――――――――――

〈재즈 싱어〉는 흥행에도 성공했고, 영화사적으로도 매우 중요하다. 그러나 이 영화가 완전히 유성으로 제작된 건 아니다. 아주 일부 대사와 음악만 녹음했을 뿐이다. 그렇지만 이 영화를 시작으로 영화산업은 완전히 변화했다. 발성이 되지 않는 배우들은 도태되었다. 1932년부터는 대사의 명료도를 높이기 위한 후시녹음 시스템이 역시 할리우드를 중심으로 만들어지기 시작했다.

1939년 최초의 스테레오영화
〈판타지아〉 제작

―――――――――――

몇 가지 이야기가 옴니버스 형식의 애니메이션으로 펼쳐진다. 각각의 애니메이션 사이에는 해설자의 내레이션으로 어떤 노래가 펼쳐질지 소개된다. 바흐의 〈토카타와 푸가〉, 베토벤의 〈전원 교향곡〉, 차이코프스키의 〈호두까기 인형〉, 스트라빈스키의 〈봄의 제전〉, 뒤카의 〈마법사의 제자〉, 폰키엘리의 〈시간의 춤〉, 무소르그스키의 〈민둥산의 하룻밤〉, 슈베르트의 〈아베 마리아〉가 수록되었다. 음악산업의 발전에 지대한 관심을 가졌던 레오폴드 스토코프스키가 지휘를 맡아서 더 큰 화제를 모았다.

1948년 콜럼비아, 한 면에 20분 이상
녹음할 수 있는 레코드판 출시

턴테이블에는 33과 45라는 선택 단추가 있다. 이 숫자는 레코드의 분당 회전 속도를 의미한다. 1948년부터 생산된 콜럼비아 레코드판의 회전 속도는 33.3rpm이다. 반면 지름 17cm의 싱글 레코드판은 1분당 45회전의 더 빠른 속도로 회전한다. 작은 싱글레코드판의 별명은 '도넛판'이었다. 참고로 LP는 '레코드판'이 아니라 '롱 플레잉(Long-Playing)'의 약자다. 콜럼비아의 장시간 녹음기술이 얼마나 의미 있는지 알려주는 이름이라고 하겠다.

1958년 RCA,
최초의 스테레오 레코드판 출시

CD에 시장을 빼앗길 때까지 세계 음악 시장에서 주도적인 역할을 한 현대적 레코드판이 처음으로 만들어졌다. 우리나라에서도 레코드판의 인기는 엄청났다. 1970년대와 1980년대에 미국의 음악이 건전하지 못하다는 이유로 불법 판정을 받자, 노량진 등에서 불법으로 제작한 '빽판' 또는 '요구르트판'이 대대적으로 유통되기도 했다. 당연히 음질은 좋지 않았다.

1962년 필립스, 카세트테이프 발명

―――――――――

카세트테이프는 얇은 필름에 자성을 가진 산화철 등을 발라서 만든 자기 기록 저장장치다. 필립스 이전에도 AEG에서 오픈 릴 테이프를 개발했지만 가격과 크기, 복잡한 사용법 등의 문제 때문에 대중화되진 못한 채 방송국이나 레코딩 스튜디오에서만 사용되었다. 1962년 발명된 필립스의 카세트테이프는 1963년 베를린 라디오 전시회에서 공개된 후 폭발적인 인기를 끌었다.

1980년 소니, 휴대용 카세트테이프 플레이어인 워크맨 개발

―――――――――

1980년대와 1990년대의 향수를 담은 영화들에는 휴대용 카세트테이프와 관련된 장면이 거의 필수적으로 등장하곤 한다. 〈써니〉에선 멋진 남자가 여학생에게 조용히 다가가서 헤드폰을 씌워주는 장면이 나온다. 이는 프랑스 영화 〈라붐〉에서 차용한 것이다. 〈1987〉에서도 대학 신입생이 휴대용 카세트테이프 플레이어를 선물받고 열광한다.

1982년 소니와 필립스,
CD개발

―――――――――――

　CD의 핵심인 PCM 기술이라고 할 수 있다. PCM은 1초 동안의 소리를 아주 잘게 쪼갠 후 65,000 종류의 디지털 숫자로 저장했다가 재생하는 디지털 음향 기술이다. 1977년, 소니도이치는 카라얀과 베를린 필하모닉 오케스트라의 〈일 트로바토레〉 연습 연주를 PCM 방식으로 녹음하는 데 성공했고, 5년 후에는 CD가 상용화되며 음악 시장의 대세로 떠올랐다. 그러나 1982년에는 음반업계 대부분이 CD에 반대했다. 기술표준을 확보한 소니와 필립스에 기술 사용 허가를 받아야 하기 때문이었다.

1996년 미국,
MP3 오디오 포맷의 특허 승인

―――――――――――

　MP3는 PCM 오디오를 손실 압축해서 용량을 줄인 파일이다. MP3는 독일의 프라운호퍼연구소에서 1980년대부터 주도적으로 개발했고, 1993년에 국제표준으로 인정받았다. 일반 소비자는 MP3 파일을 사용할 때 따로 비용을 지불하지 않았지만 음악 파일 제작자는 프랑스의 테크니컬러에 포맷 사용 비용을 지불해야 했다. 프라운호퍼연구소가 라이선스 프로그램 운영권을 테크니컬러에 위탁했기 때문이다. MP3 기술이 무료로 전환한 건 2017년 4월이다.

1998년 세계 최초의 MP3 플레이어, 한국에서 개발

───────────

MP3 플레이어를 처음으로 개발한 건 우리나라의 새한미디어다. 기술적으로는 지금의 MP3 플레이어에 뒤지지 않는 제품이었지만 시장의 반응은 싸늘했다. 소비자들은 CD 플레이어를 벗어나려 하지 않았고, 새한미디어는 외환위기 이후 무리한 사업 확장으로 자금난을 겪게 되면서 MP3 플레이어의 원천기술을 매각했다.

2001년 애플, 아이팟 출시

───────────

새한미디어에서 개발했던 기술은 결국 애플의 옷을 입은 후에야 CD 플레이어를 대체하게 되었다. 하드웨어의 디자인 개선도 있었지만 그보다는 아이튠즈라는 소프트웨어 유통 구조를 개발한 것이 중요한 이유였다. 아이팟은 21세기의 트렌드가 되었고, 아이폰 열풍의 복선 역할을 하기도 했다.

우리의 지금은
디지털 미디어의 시대

1970년대부터 세계의 미디어업계는 아날로그 방식의 LP를 대체할 신기술을 고민했다. 그 가운데 가장 큰 지지를 받은 기술이 소니와 필립스의 CD였다.

처음에는 60분가량의 비압축 오디오 신호를 기록할 수 있도록 개발되었는데, 카라얀이 지휘하는 베토벤 교향곡 9번의 시간에 맞춰 74분 길이로 변경되었다. CD가 등장하기 전까지 가장 중요한 음반 매체였던 카세트테이프의 대각선 길이는 12cm였다. 이를 따라서 CD의 직경을 12cm로 만들었더니 74분 길이가 되었다는 설도 있다.

CD는 둥근 실패에 돌돌 말린 실이나 마찬가지다. 실패에 실이 말린 것처럼 CD 역시 중심부에서 바깥쪽으로 가는 트랙이 길게 이어져 있다. CD 한 장의 트랙을 길게 펴면 거의 5km에 가깝다.

CD가 광학 매체인 까닭은 레이저로 트랙에 신호를 새기기 때문이다. 트랙은 평평하거나 볼록하게 만들어져 있는데, 평평한 부분은 1, 볼록한 부분은 0을 뜻한다. 트랙에 신호를 새기는 데 사용되는 '쓰기 전용' 강력한 레이저와 달리, CD의 정보를 읽을 때는 '읽기 전용'의 약한 레이저를 동원한다. 원형 디스크에 레이저로 홈을 파서 정보를 저장하고, 다시 레이저로 홈에 기록된 정보를 읽어서 재생하는 이 원리는 CD 이후 등장한 DVD나 블루레이에도 그대로 적용된다.

CD가 저장할 수 있는 용량은 약 700MB이다. 이 용량으로 음반의 정보를 기록하는 시대에는 CD가 높은 인기를 끌었다. 그러나 음악뿐만 아니라 영상까지 하나의 매체에 담아야 하는 시대가 다가왔다. 아날로그 시대에는 카세트테이프와 비디오테이프가 별개의 시장을 형성했다. 음악과 영화 콘텐츠는 각자의 논리를 가지고 있었다. 하지만 디지털시대에는 그런 구분이 사라졌다. 소리뿐만 아니라 영상까지 저장할 수 있는 광학매체가 필요해진 것이다.

CD를 대체하기 위해 등장한 것이 DVD였다. 트랙 길이가 20~48km나 되는 DVD에는 4~8GB의 용량을 저장할 수 있다. CD와 달리 4층으로 정보를 기록할 수 있다는 점도 DVD의 특징이다. CD의 용량이 교향곡 한 곡에 해당한다면, DVD는 최대 133분 길이의 영화를 480p 해상도로 기록할 수 있다. 5.1에서 7.1채널의 서라운드 음향, 최대 32개국어는 덤이다. 480p는 영상을 세로로 480등분해서 표현한다는 뜻이다. 이 수치는 720 X 480의 SD급 화질에 해당한다.

　DVD는 아날로그에서 디지털로 전환하는 시기의 화질 기준에 맞춘 매체임을 알려주는 대목이다. 미디어 환경이 아날로그에서 디지털로 완전히 전환하는 데는 꽤 긴 시간이 필요했다. 이 시기의 매체인 DVD는 오랫동안 사용된 포맷이기 때문에 콘텐츠가 풍부하다는 게 장점이다. 그러나 DVD의 용량에도 한계가 찾아왔다. 디지털 TV가 HD급으로 전환하면서 늘어난 영상 정보량을 감당하기 버거워진 것이다.

　DVD 다음으로 등장한 홈미디어의 저장 매체는 블루레이다. 블루레이는 이름처럼 파란색 레이저를 사용한다. 405mm의 청색 레이저 파장은 DVD의 붉은 레이저(650mm)보다 짧기 때문에 더 많은 용량을 확보할 수 있다. (CD의 레이저 파장은 780mm다.) CD나 DVD와 동일한 직경의 블루레이에는 25GB의 데이터가 담긴다. 듀얼 레이어를 채택하면 최대 50GB까지 저장할 수 있다.

　디지털화한 데이터를 저장하는 광학 매체라는 점에서 CD와 DVD, 블루레이는 유사하다. 이들은 아날로그 정보를 디지털로 번역해서 레이저로 기록해뒀다가, 다시 디지털 신호를 광학 렌즈로 해석해서 우리의 눈이나 귀에 전달해준다. 그런데 아날로그 세상의 모습은 용량이 무한에 가깝기 때문에 필요한 정보만 원하는 수준으로 자르고 줄여서 취합할 필요가 있다. 아날로그 신호를 디지털 신호로 바꾸고, 디지털 신호를 아날로그 신호로 바꿀 때 용량을 효율적으로 다듬는 과정이 반드시 필요한 것이다. 이 과정을 인코딩과 디코딩, 합해서 코덱이라고 한다.

만약 콘텐츠 기업이나 전자제품 브랜드들이 서로 다른 코덱을 사용하면 어떻게 될까? 삼성이나 보스의 기술로 녹음된 음반이 LG나 애플의 기계에서는 재생되지 않고, 반대의 경우도 마찬가지라면 소비자는 너무나 큰 불편을 겪을 것이다. 그래서 표준 규격을 정해서 기준을 통일한다.

나사의 규격, 안경 렌즈의 두께, 종이의 절단 사이즈, 컴퓨터의 프로그래밍 언어 등 세상의 모든 분야가 각자의 표준 규격을 만들어 업무의 효율성을 높이고 있다. 또 표준 규격이 국경에 가로막히는 것을 방지하기 위해 비정부 국제기구인 국제표준화기구(ISO, International Organization for Standardization)를 구성했다.

소니와 필립스의 2개 기업이 개발한 CD와 달리 DVD 제작에는 훨씬 더 많은 회사가 관여했다. 차세대 CD의 개발 단체는 둘로 나뉘었다. 소니와 필립스의 연합팀은 MMCD를 개발했고, 도시바 등 7개 기업은 SD라는 새로운 매체를 개발했다. 두 단체는 다투는 대신 양자의 기술 가운데 효율적인 부분을 뽑아서 DVD라는 공동 규격을 만들었다.

새로운 미디어에는 그에 맞는 코덱이 필요하다. 그래서 CD나

DVD, 블루레이 등 새로운 광학매체가 개발될 때면 세계 곳곳의 연구 집단이 새로운 코덱을 공개해서 국제표준으로 인정받으려고 한다. 코덱은 영상 코덱과 음성 코덱으로 나뉘는데, DVD의 영상 코덱을 개발한 곳은 ISO 산하의 동영상전문가집단(MPEG, Moving Picture Experts Group)이다. MPEG의 설립 목적은 디지털시대의 동영상에 관련된 표준을 개발하는 것이다. 공개적인 집단이기 때문에 기업이나 학계 전문가들은 자율적으로 가입할 수 있다.

1988년 캐나다 오타와에서 첫 회의를 개최한 이후 회원국은 계속 증가하고 있다. 2018년 1월 20일부터 7일간 광주광역시 김대중컨벤션센터에서 개최된 제121차 회의에는 20여 개 회원국에서 400여 명의 회원이 참석했다. 이 회의에선 4차 산업혁명 시대에 발맞춰 사물인터넷과 3차원 압축영상의 국제표준을 주제로 삼았다.

DVD 포맷 개발 당시 ISO는 MPEG가 내놓은 MPEG-2라는 영상과 음향 코덱을 국제표준으로 삼았다. 화면의 해상도를 720 X 480으로 제한한 영상 코덱은 DVD의 기준이 되었지만 MPEG-2의 음성 코덱은 돌비의 기술에 밀려버렸다.

블루레이 영상 코덱은 MPEG-2와 H.265/HEVC 그리고 VC-1의 세 가지로 결정되었다. 블루레이 타이틀의 제작사는 세 가지 코덱 가운데 하나를 선택하는데, MPEG-2 포맷은 압축률이 낮아서 데이터 용량이 커지기 때문에 H.265/HEVC와 VC-1 코덱이 주로 사용된다. 압축률을 높여서 용량을 줄이면서 원 데이터의 화질과 음질을 얼마나 잘 살리는가가 코덱의 인기와 직결되는 것이다. 블루레이의 음향 코덱으로는 돌비 트루 HD와 DTS-HD 마스터 오디오가 주로 사용된다. 블루레이의 음향 코덱은 무손실 압축 기술이지만 클래식 공연 실황처럼 음질을 더욱 강조할 때에는 압축 코덱 대신 무압축 PCM(Pulse Code Modulation) 방식을 채택하기도 한다. 그러나 무압축 PCM을 사용할 경우 음향 데이터 용량만 수십 GB에 이르는 문제가 남는다.

디지털시대의 음원을 측정하는 가장 기본적인 단위는 용량이다. 크기가 클수록 음질이 좋을 확률이 높기 때문에 대부분의 사람들은 음원의 용량으로 음질을 유추한다.

하지만 디지털 음원의 퀄리티를 측정하는 정확한 기준은 샘플링 레이트다. 아날로그 소리를 디지털 신호로 변환하기 위해서는 소리의 분석부터 시작해야 한다. 그런데 분석을 위해 1초의 소리를 10개로 자를 수도 있고 10,000개로 자를 수도 있다. 잘게 자르면 자를수록 분석은 정교해질 테고, 아날로그 원음에 더욱 가까운 디지털 신호를 만드는 것도 가능해질 것이다.

샘플링 레이트는 1초에 소리를 몇 번이나 자르는지 알려주는 단위다. 음원 파일의 정보를 열어보면 44.1kHz, 48kHz, 96kHz, 192kHz, 320kHz 등의 수치를 찾을 수 있다. 여기서 말하는 헤르츠(Hz)는 초당 샘플링 레이트를 알려주는 단위다. 192kHz는 1초당 192,000회의 샘플링을 했다는 뜻이니 초당 44,100번 샘플링을 한 44.1kHz보다 훨씬 음질이 좋을 수밖에 없다.

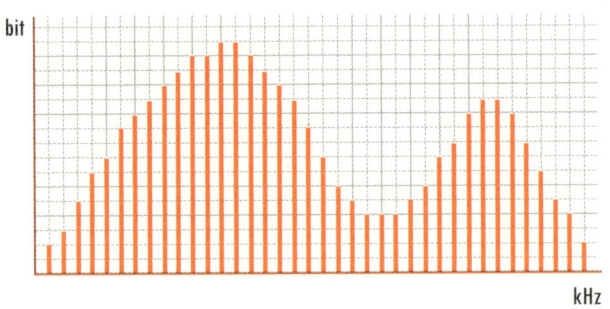

아날로그 사운드를 그래프로 그리면 X축과 Y축은 각각 시간의 흐름과 소리의 높낮이를 나타낼 것이다. X축의 시간대별로 소리를 세밀하게 나누는 작업을 샘플링 레이트라고 한다면, Y축을 분석하는 작업은 '양자화(Quantization)'라고 한다. 양자화의 단위는 비트(bit)를 사용한다. 1비트는 0과 1의 두 가지 숫자로 구성된 조합이다. 소리가 있거나 없다는 구분이 가능하다. 2비트는 0과 1의 두 자리 조합으로 00, 01, 10, 11의 네 가지 경우의 수가 나온다. 소리가 있거나 작거나 보통이거나 크다는 식의 네 가지 표현이 가능해지는 것이다.

비트 수가 커지면 커질수록 소리의 크기는 다양하게 표현된다. 16비트는 2의 16승에 해당하는 표현력을 가지는 것이다. CD는 44.1kHz/16비트의 해상도로 녹음되었다. 하지만 더 높은 음질에 대한 욕구 때문에 지금은 24비트의 녹음 기술이 일상화되었다. 일반적으로 48kHz/16비트보다 해상도가 높은 음원을 고음질 음원으로 분류하는데, 최근에는 192kHz/24비트의 음원을 찾는 오디오 애호가도 늘어나고 있다.

CD는 44.1kHz/16비트의 해상도로 녹음되니까 1초가 지날 때마다 16비트를 가지는 44,100개의 1.4Mbps 데이터를 처리해야 한다는 이야기다. 24비트로 녹음되었다면 매초 처리해야 할 데이터량은 2.1Mbps가 넘고, 샘플링 레이트를 192kHz로 높였다면 자릿수를 세기도 힘든 숫자가 등장한다.

그래서 디지털로 소리를 표현할 때에는 데이터의 용량을 줄이기 위해 파일을 압축하곤 한다. MP3나 OGG 등의 파일에 따라붙는 bps가 바로 압축률을 나타내는 숫자다. 초당 비트 전송률(Bit per Second)의 약자인 bps는 음질이 아니라 데이터의 전송 속도를 나타내는 단어다. 압축을 적게 할수록 데이터의 전송 속도는 높아지고 음질도 좋아진다.

디지털 음원에선 포맷도 중요하다. 우리에게 가장 익숙한 음원 포맷은 MP3다. 하지만 그 외에도 OGG, FLAC, WAV, APE, LPCM 등의 다양한 포맷이 존재한다. 위에 이야기한 것처럼 디지털 음원은 데이터 용량을 줄이기 위해서 압축을 하는데, 압축 기술에 따라서 음질의 손실이 발생할 수도 있고 용량은 줄이면서 원본의 음질을 그대로 유지할 수도 있다. 이를 손실 압축과 무손실 압축이라고 구분한다.

MP3는 가장 대표적인 손실 압축 파일이다. 무손실 압축 파일 가운데 가장 대중화된 포맷으로는 FLAC을 들 수 있다. FLAC은 CD를 손실 없이 추출한 파일이라고 생각하면 된다.

음질을 기준으로 이야기할 때에는 MQS라는 단어도 종종 등장한다. Mastering Quality Sound의 약자인 MQS는 스튜디오에서 음반 작업을 할 때 사용되는 고음질 음원을 가리킨다. '스튜디오용'이라는 표현에서 짐작할 수 있듯 구체적인 음원 포맷이라기보단 FLAC이나 DSD, MQA 등의 고음질 음원 포맷을 아우르는 단어라고 할 수 있다. 이외에도 OptimFOG, TTA, WMA Lossless, WV, ALAC 등의 다양한 무손실 포맷이 존재한다.

돌비연구소에서 개발한 포맷 가운데 5.1채널의 AC-3나 7.1채널의 DD-EX는 손실 오디오 코덱이고, 블루레이에 사용되는 돌비 트루 HD는 무손실 코덱이다. DTS의 기술도 DVD용 DTS는 손실 오디오 코덱, 최대 192kHz에 7.1채널까지 지원하는 블루레이용 DTS-HD 마스터 오디오는 무손실 압축 코덱에 해당한다.

무손실 압축 기술은 오디오 마니아 시장에서도 아주 중요하게 평가된다. 현재 디지털 음원 시장은 서로 다른 두 방향으로 발전하고 있다. 우리가 계속 살펴보는 시장이 대중 시장이라면, 고해상도 음원에 집중하는 쪽은 마니아 시장이라고 할 수 있다.

경제적으로 여유가 있는 음악 애호가들은 96kHz나 192kHz의 24비트의 고음질 음원 전용 재생기기와 고가의 스피커 등 오디오 장비에 깊은 관심을 가진다. 고해상도 오디오(High Resolution Audio) 시장은 자체적인 시장 논리에 의해 움직인다. 오디오기기 제조사들이 독자적인 코덱을 개발하기도 하고, 특별한 믹싱과 마스터링 기술 연구가 진행되기도 한다. 모두 의미 있는 일이다.

# 첫 번째 소리전쟁_
돌비 vs DTS

지난 20세기는 물론 지금 이 순간에도 전 세계의 소리 시장에서 가장 영향력 있는 기업은 돌비연구소다. 레이 돌비 박사의 이름은 1956년 VTR의 개발 과정에서 한 번 등장했다. 1933년 미국 오리건주의 포틀랜드에서 태어난 그는 어려서부터 영화에 관심이 많았다. 16세에는 저장 장치 관련 기업인 암펙스에서 아르바이트를 하게 되었는데, 이때의 인연으로 대학생이 된 후에는 암펙스의 정식 엔지니어로 일과 학업을 병행할 수 있었다.

돌비연구소의 탄생

1965년, 레이 돌비는 돌비연구소를 설립하고 오디오의 잡음을 제거하는 기술 개발에 나섰다. 20세기 초반의 소리산업은 전화나 라디오를 중심으로 발전했다. 오디오에 대한 연구가 없진 않았지만 전화에 비교하면 그 중요성이 많이 떨어졌다. 그러나 LP와 카세트테이프의 개발로 음반의 시대가 열리면서 사람들은 깨끗한 소리에 대한 욕심을 내기 시작했다.

1950년대 이후 잡음 억제(NR, Noise Reduction) 기술이 계속 등장했지만, 잡음과 함께 원래의 소리도 왜곡되곤 했다. 그러나 레이 돌비는 소리를 고음과 저음의 여러 대역으로 분리한 후 불필요한 잡음을 각개 격파하는 돌비 A-타입 기술을 개발했다.

이 기술은 당시의 음향 수준에선 매우 혁신적인 기술이었지만, 비싼 가격 때문에 소수의 레코딩 회사만 돌비 A-타입 기술이 적용된 제품을 구입할 수 있었다. 1968년에는 돌비 A-타입 기술을 다소 단순화해서 사업성을 강화한 돌비 B-타입 기술이 개발되었다. 오디오의 잡음을 제거한다는 점에선 돌비 A-타입과 마찬가지지만 직접 가전제품을 개발하는 대신 전자제품 제조사에 기술을 판매하는 새로운 방식을 선택했다. 돌비 B-타입은 1963년 개발된 카세트테이프와 최고의 궁합을 이루는 기술이었다.

돌비연구소는 카세트테이프 플레이어의 제조사에 기술을 전수하는 대신 막대한 라이선스 비용을 챙겼다. 카세트테이프를 녹음하는 미디어 회사도 돌비연구소에 비용을 지불해야 했다. 이러한 사업 모델은 지금까지 이어지고 있다.

1970년대가 되자 돌비는 극장의 오디오 시스템을 완전히 뒤바꾸는 음향 기술을 내놓았다. 돌비 스테레오가 그것이다. 1975년까지 세계의 극장은 2.0모노 또는 2.0스테레오의 음향 설비를 갖춘 게 고작이었다. 스피커를 전면에만 배치했을 때에는 소리가 좌우로밖에 움직일 수 없었다. 평면적인 공간감밖에 만들 수 없는 것이다.

레이 돌비는 관객의 옆이나 뒤에 서라운드 스피커를 추가하는 방안을 생각해냈다. 그렇게 하면 소리가 전후좌우로 이동하며 관객에게 입체적인 공간감을 줄 수 있으리라는 발상이었다. 그렇지만 극장에 스피커 몇 개를 더 놓는다고 극장 음향 시스템이 바뀌진 않는다. 새로운 음향효과를 내기 위해선 돌비 스테레오 기술로 녹음한 영화가 있어야 했다. 이때 나선 이가 조지 루카스였다.

〈스타워즈〉는 돌비 스테레오 기술이 적용된 최초의 영화였다. 일부 극장 체인이 〈스타워즈〉의 개봉에 맞춰 음향 시스템을 새로 손보는 모험에 나섰다. 결과는 대성공이었다. 너무나 많은 사람들을 매료시킨 〈스타워즈〉는 모든 면에서 혁신적인 영화였다. 극장 영화를 애초부터 속편이 아닌 3부작으로 나눠서 제작하는 건 모험에 가까웠다. 그러나 영화에 동원된 각종 특수효과는 사람들의 눈을 사로잡았고, 극장 시스템까지 교체하며 만들어낸 음향효과는 그때까지 경험할 수 없던 몰입도를 제공했다.

조지 루카스 감독은 레이 돌비의 추모사에서 "항상 꿈꿔왔던 진정한 음향효과를 레이 돌비 덕분에 〈스타워즈〉에 구현할 수 있었다"고 밝히기도 했다. 조지 루카스 외에도 돌비의 음향 기술을 경험한 영화감독과 음향감독은 모두 돌비 전도사로 바뀌었다. 〈지옥의 묵시록〉이 관객들에게 엄청난 충격을 안겨줄 수 있던 데에는 압도적인 영상만큼이나 돌비 음향의 공이 컸다.

영화 시장에서 돌비의 영향력은 점점 커져갔다. 디지털로 전환되기 전에는 필름 릴을 돌려서 영화를 상영했다. 필름 위아래로는 릴에 걸기 위한 구멍을 뚫었는데, 돌비는 구멍과 구멍 사이에 오디오 정보를 삽입했다. 극장은 돌비 서라운드 시스템에 맞춰 음향 장비를 세팅할 뿐만 아니라 영사기까지 돌비의 인증을 받은 제품으로 교체해야 했다.

음악 시장에서도 돌비 열풍은 거셌다. 소니의 휴대용 카세트테이프 플레이어인 워크맨은 전 세계에 완전히 새로운 시장을 형성할 정도로 인기를 끌었다. 워크맨에도 돌비연구소의 음향 기술이 탑재되었다.

1982년에는 극장의 첨단 음향을 가정에까지 확대하는 방법까지 찾아냈다. 돌비 서라운드 시스템은 1980년대 내내 성장한 홈비디오 시장에 적용되었다.

1990년대의 영화계에서 가장 큰 고민은 디지털 시스템으로 매끄럽게 전환하는 것이었다. 이때도 돌비연구소는 가장 먼저 모범답안을 제공했다. 돌비연구소는 오디오 코덱을 지속적으로 연구했는데 첫 번째와 두 번째 결과물인 돌비 AC-1(Dolby Audio

Codec No.1)과 AC-2(Dolby Audio Codec No.2)는 별다른 시장의 반향을 불러일으키지 못했다.

하지만 1992년 〈배트맨2〉에 처음 사용된 돌비 AC-3 코덱은 달랐다. 돌비 AC-3는 6개의 스피커(방향성을 가지는 5개의 스피커와 1개의 무지향성 우퍼 스피커)를 이용해서 공간감을 극대화하는 기술이었다. ISO는 돌비의 AC-3 코덱을 5.1채널의 디지털 음향의 국제 표준으로 인정했다. 디지털 미디어 시대의 모든 음향기기에 돌비의 기술이 탑재되었다. TV나 DVD 플레이어는 물론 그 신호를 스피커들로 분배해주는 AV리시버, 디지털 방송용 셋톱박스, 플레이스테이션과 엑스박스 등의 콘솔게임이 모두 돌비의 기술을 받아들였다.

AC-3 코덱의 장점은 바로 압축률에 있었다. 스테레오의 MP3 파일이 128kbps 정도의 전송률에 맞춰 압축되었는데, AC-3의 한 채널은 64kbps 정도를 필요로 했다. 5.1채널의 AC-3 비트레이트는 64에 6을 곱한 384kbps가 되는 것이다. AC-3를 6.1 또는 7.1채널로 확장한 돌비 디지털 EX(DDEX)는 AC-3의 파생 규격이라고 할 수 있다.

돌비연구소는 이어서 돌비 디지털의 음질을 향상시키면서 인터넷 스트리밍이나 모바일 기기 등의 다른 여러 플랫폼과 호환되는 돌비 디지털 플러스 규격을 내놓았다. 7.1채널을 기본으로 지원하며, 확장할 경우 16채널까지 구현할 수 있다.

돌비 디지털과 돌비 디지털 플러스는 MP3와 마찬가지로 손실 압축 코덱이다. 블루레이 시대로 넘어가면서 돌비연구소는 무손실 압축 규격인 돌비 트루 HD를 내놓고 DTS-HD 마스터 오디오와 경쟁을 벌였다. 돌비연구소는 2채널 스테레오 음향신호를 멀티채널로 보정하는 기술도 개발했다. 1987년에 발표한 돌비 프로 로직은 2채널을 4채널로, 2000년에 공개한 프로 로직2는 5.1채널로 바꿔준다.

2010년대의 돌비연구소 기술로는 돌비 애트모스(Atmos)를 들 수 있다. 2012년에 극장용 음향 기술로 처음 공개되었는데, 서라운드 스피커 외에 천장에 독립된 스피커 채널을 추가한 것이 특징이다. 최대 64개의 스피커를 360도 전 방위에 배치해서 모든 방향의 음성을 제공하기도 하지만, 천장의 스피커와 다른 스피커의 높이 차이를 이용해서 소리의 위아래 개념을 주입했다는 점이 가장 큰 특징이다. 2014년에는 가정용 애트모스 시스템인 돌비 애트모스 홈 기술도 발표했다.

음향 알고리즘 회사, DTS

DTS(Digital Theater System)는 돌비연구소보다 한참 뒤인 1993년에 설립된 회사다. 특이하게도 회사가 생기기 전인 1990년에 이미 DTS 코덱이 만들어졌다.

1993년, 〈주라기 공원〉을 제작 중이던 스티븐 스필버그는 최고의 긴장감을 표현하기 위해선 혁신적인 음향 기술이 필요하다고 판단했다. 그래서 그는 파일 용량을 줄이기 위해서 데이터의 압축률을 높이던 당시의 시장 흐름을 거스르려고 했다. 과학자인 테리 비어드와 유니버설 스튜디오가 동조하면서 돌비연구소에 이은 세계 2위의 음향 알고리즘 기업 DTS가 태어났다. 〈주라기 공원〉은 DTS 5.1이라는 새로운 기술로 녹음되었고, 영화 개봉에 맞춰 1,000개가 넘는 극장이 DTS의 기준을 따른 최첨단 음향 시스템을 도입했다.

당시 돌비연구소의 돌비 디지털은 48kHz의 샘플링 레이트에 20비트를 지원했는데, DTS는 192kHz/24비트의 해상도까지 지원하는 고음질 음향을 지향했다. 영화는 소비자들에게 기대 이상의 만족감을 줬다. 전문가들과 시장의 반응도 뜨거웠다. 1996년 아카데미상 시상식에서 DTS 기술이 수상할 정도였다.

홈비디오 시장에서도 DTS 기술은 인기를 끌었다. 2000년에는 전 세계의 전자기기 1,000만 대에 DTS 기술이 탑재되었는데, 불과 4년 후인 그 숫자가 2억 대로 20배나 불어났다. 2005년에는 3억 대의 전자기기가 DTS 기술을 받아들였다.

2006년, 라스베이거스 CES에서 처음 시연된 DTS-HD 마스터 오디오는 블루레이의 국제표준 오디오 포맷으로 인정받았다. 돌비연구소의 기술이 콘솔게임에 적용된 것처럼 DTS 기술도 2007년에는 플레이스테이션3에 탑재되었다. 2009년에는 미국의 슈퍼볼 방송에 DTS 기술이 사용되었다. 특히 하이라이트 영상이 방송될 때에 적용된 DTS 기술은 소비자의 귀를 사로잡았다. 2010년부터 DTS 기술은 삼성의 모든 LCD TV 모델에 적용되었다. DTS를 지원하는 스마트폰도 시장에 나타났다.

돌비와 마찬가지로 DTS도 다양한 포맷을 개발하며 오디오 시장에 전방위적으로 나섰다. DTS-HD 마스터 오디오는 블루레이의 국제표준으로 채택되어 블루레이 시장의 86%를 점령할 정도로 인기를 끌고 있다. DTS는 무손실 오디오를 와이파이로 전송하는 무선 오디오 플랫폼도 개발했다. DTS 헤드폰:X는 2채널밖에 사용할 수 없던 헤드폰에서 최대 11.1채널의 사운드를 즐기도록 해주는 기술이다.

〈스타워즈〉는 돌비연구소의 기술을 영화 사운드의 표준으로 만들었다. 하지만 조지 루카스는 영화 사운드의 혁신에 좀 더 큰 역할을 하길 원했다. 그는 영화의 음향과 화질에 대한 자신의 기준을 설립했다. 그리고 기준을 통과한 극장이나 기기에 대한 인증제도로 THX 시스템을 개발했다. THX 인증은 음향뿐만 아니라, 영사 및 외부 잡음 등에 대해서도 엄격한 검사를 실시한다. 모든 항목을 통과한 극장은 THX 로고가 생겨진 인증 플레이트를 내걸고, THX 트레일러를 상용할 수 있다. 검사는 매년 반복된다.

지금까지 전 세계에서 3,000여 개의 극장이 THX 인증을 받았다. 스피커나 리시버 등의 홈시어터기기도 THX 인증을 받을 수 있다. 홈시어터 시장에서 THX 인증을 획득한 제품에는 가격 프리미엄이 반영된다.

돌비연구소와 DTS는 SRS와 함께 전 세계의 3대 음향회사로 꼽혔다. SRS는 몇 년 전 DTS에 인수 합병되었으니 돌비연구소와 DTS가 세계의 영화음향을 이끄는 쌍두마차라고 할 수 있다. 이들은 더 나은 음향 알고리즘을 놓고 치열하게 경쟁하며 할리우드 영화의 수준을 한 단계 높였다. 그런데 이들은 영화음향 시장에만 관여하는 게 아니다.

디지털시대의 모든 데이터는 호환될 수 있다. 극장용 사운드와 가정용 오디오가 하나의 포맷으로 연동될 수 있다는 이야기다. 돌비연구소와 DTS가 수십 년 동안 다퉈온 전장은 영화 시장으로 국한되지 않는다. 미디어산업이 발전하면서 그 안의 영화 시장, 음향 시장, 방송 시장, 게임 시장이 모두 성장해왔다. 돌비와 DTS는 이 모든 시장을 분할해왔다.

영화음향의 모든 녹음기술과 장비들 심지어 영사기까지 이들의 영향을 받았다. 영화를 제작할 때마다, 다시 영화를 비디오테이프나 DVD, 블루레이 등 가정용 미디어로 변환할 때마다, 음반을 낼 때마다, 영화나 음악의 재생용 전자제품을 생산할 때마다, 게임용 콘솔을 개발할 때마다 돌비와 DTS에 비용을 지불해야 했다. 돌비의 기술이 없으면 디지털 TV의 셋톱박스는 아무 소리도 내지 못할 정도다.

돌비와 DTS의 소리전쟁

그렇다면 돌비연구소와 DTS는 어떻게 싸웠을까? 이들의 경쟁 방법은 간단하다. 할리우드에서 더 많은 영화의 음향 기술로 사용되는 쪽이 승리하는 것이었다. 물론 영화의 제작 편수만으로 한정하긴 어렵다. 〈스타워즈〉나 〈주라기 공원〉처럼 엄청나게 성공한 영화와 개봉과 동시에 사라지는 많은 영화들의 시장 가치는 전혀 다르니 말이다. 그래도 영화의 제작 편수와 성공 가능성은 정비례한다.

할리우드 영화의 80% 정도는 돌비 기술로, 20% 정도는 DTS 기술로 제작되고 있다. 미국의 영화관 체인은 상영하는 영화의 공간감을 가장 잘 살릴 수 있는 음향 시스템을 구비하려고 노력한다. 따라서 미국 극장의 80%는 돌비 사운드에 맞춘 시스템을 마련했고, 20%는 DTS 사운드에 맞춰 설비를 세팅했다. 이 비율은 방송가의 음향장비 시장이나, DVD와 블루레이 등의 로열티 시장에서도 똑같이 적용된다.

결과적으로 돌비연구소와 DTS 사이의 소리전쟁에서 더 크게 승리한 건 돌비연구소다. 그렇다고 해서 DTS를 패자라고 할 수는 없다. 세계 소리 시장을 장악한 건 고작 두 개의 오디오 알고리즘 회사였다.

소리 기술을 탑재해야 하는 모든 기업들은 돌비연구소나 DTS의 문을 두드릴 수밖에 없었다. LCD TV를 제조하는 대표 기업으로는 우리나라의 삼성전자와 LG전자, 그리고 전통의 강자인 일본의 소니, 3개사를 꼽을 수 있다. 이 3개 업체에서 생산하는 모든 LCD TV와 LED TV에는 돌비연구소의 기술이 탑재된다. 돌비연구소보다는 늦었지만 DTS도 주요 디스플레이 업체에 기술을 탑재하고 있다. 그래도 역시 최강자는 돌비연구소다.

돌비의 AC-3가 디지털 방송의 표준 오디오로 채택되었기 때문에 모든 디지털 셋톱박스에도 돌비연구소의 기술이 적용되었다. 셋톱박스에서 돌비 기술을 삭제하면 오디오 출력은 바로 먹통이 되어버리는 것이다.

21세기의 미디어와 관계된 전 세계의 거의 모든 기업이 돌비연구소의 협력사다. 월트디즈니, 소니픽처스, 워너브라더스, 파라마운트 같은 영화 제작사는 물론 BBC 등의 콘텐츠 제작사, EA, 시스코, 유니버셜 스튜디오 등의 콘텐츠 배급사, 삼성전자나 LG전자 등의 전자기기 제조사, 닌텐도나 소니 등의 게임업체 등이 모두 돌비 기술로 소리를 만들어낸다. 규모 면에서 좀 떨어질 뿐 DTS의 상황도 다르지 않다.

2000년대 전 세계에서 가장 혁신적인 제품으로 꼽히는 것은 애플의 아이폰이다. 하지만 스마트폰은 어쩌면 당연하다 못해 필연적으로 등장할 수밖에 없던 제품일지도 모른다.

디지털시대의 모든 문화 콘텐츠는 기술적으로 통합될 수밖에 없다. 과거에는 필름으로 찍은 이미지와 오디오레코더로 녹음한 사운드를 편집해서 한 편의 영화를 만들었다. 종이 위에 글을 인쇄하고 묶어내야 책이 나왔고, 자기 테이프에 전기로 바꾼 소리 신호를 입혀서 음악용 카세트테이프를 만들었다.

문화 콘텐츠들은 모두 각자의 논리와 기술로 제작되었다. 영화를 보려면 극장에 가야 했고, 음악을 들으려면 워크맨을 재생시켜야 했고, 책을 구하려면 서점에 가야 했다. 그런데 디지털시대에는 영화나 음악, 게임, 도서 등 모든 문화 콘텐츠를 0과 1의 디지털 숫자 조합으로 제작하고, 전용 회선이나 무선 인터넷망을 통해서 유통하는 게 가능해졌다.

애플의 아이폰은 모든 미디어 콘텐츠를 한꺼번에 묶어서 소비할 수 있는 통합 창구였다. 영화, 음악, 게임 그리고 오디오북을 포함한 도서에 이르기까지 다양한 미디어 콘텐츠는 사람의 가장 기본적인 두 가지 감각을 통해 소비된다. 눈으로 보거나, 귀로 듣거나. 자연스레 스마트폰 시장도 일정 지분을 돌비연구소와 DTS에 할애할 수밖에 없어졌다.

돌비연구소와 DTS는 스마트폰 시장의 성장에 맞춰 각자의 기술을 모바일에 맞게 변형했다. 돌비연구소는 돌비 서라운드를 스마트폰에 최적화한 돌비 모바일 기술을 내놓았다. 우리나라 스마트폰 가운데는 LG전자의 옵티머스Q가 처음으로 돌비 모바일을 탑재했다. DTS 기술은 2010년 팬택에서 처음 받아들였다.

소리전쟁의 패자는 돈을 받아야 하는 두 개 기업이 아니라, 비용을 지불해야 하는 전 세계의 기업들이었다. 이 가운데는 영화사도 있고, 방송국도 있고, 음향 스튜디오도 있으며, CD나 DVD의 제작사도 있고, 전자제품이나 음향장비 제조사도 있었다. 생필품처럼 누구나 소유하게 된 스마트폰에도 이제 기술이 탑재되고 있다.

이중삼중으로 비용을 부담하면서 예산을 아깝게 여긴 건 회사들만이 아니다. 돌비연구소와 DTS의 모국인 미국을 제외한 대부분의 나라들이 국부 유출을 꺼림칙하게 받아들일 수밖에 없었던 것이다.

지금까지 전 세계에서 40억 대가 넘는 전자기기에 돌비연구소의 기술이 탑재되었다. 돌비연구소만큼은 아니어도 DTS 역시 수억 개 이상의 전자기기가 생산될 때마다 로열티를 받았다. 무려 2만5,000편이 넘는 영화가 돌비 기술로 제작되었고, 우리나라에만 400개가 넘는 극장이 돌비 7.1채널의 서라운드 사운드 시스템에 대한 비용을 지불하는 중이다.

우리가 자연 상태의 무엇인가를 보고 듣는 것은 공짜다. 우리의 눈과 귀만 있으면 되기 때문이다. 그러나 극장 같은 공간이건 스마트폰이나 스마트 TV 등의 전자제품이건 보고 들을 수 있도록 매개해주는 모든 기술에는 사용료를 지불해야 한다. 이는 앞으로도 마찬가지다. 과거와 달라지는 점이 있다면, 소리 관련 제품들이 예전과 비교할 수 없을 만큼 다양해진다는 사실이다.

그렇다면, 진장한 패자는 돌비와 DTS의 솔루션을 채택할 수밖에 없는 업체들인가? 어쩌면 진정한 패자는 그 업체들에게 돈을 지불하는 콘텐츠 소비자들일 것이다.

4차 산업혁명 시대와 소리산업

지금의 4차 산업혁명 시대에는 소리와 연결되는 시장이 무궁무진해진다. 지금까지 모습을 드러낸 시장만도 한두 가지가 아니다. 먼저 AI스피커를 예로 들 수 있다. 구글은 '구글 홈'을, 아마존은 '에코'를 출시했고 우리나라에서도 네이버와 카카오가 자신들의 캐릭터 상품의 형태를 띤 AI스피커를 내놓아 높은 인기를 끌었다.

사물인터넷이 음성인식 기술과 연동하면 사람의 삶은 훨씬 편리하게 바뀔 것이다. 예전에 전화로 집 안의 보일러 전원을 온오프 하는 TV 광고가 방송된 적이 있다. 초창기의 사물인터넷과 음성인식 기술의 조합은 이 정도에 불과했지만 이제 목소리로 전자제품을 훨씬 다양하게 컨트롤할 수 있다. 세탁기에게 울빨래나 찬물 세탁을 하도록 명령할 수 있고, 보일러에 35도의 수온을 유지하라고 요구할 수도 있다. 목소리로 이메일을 써서 전송하는 기술은 이미 시장에 나와 있다.

이제 어떤 전자제품에 소리 기술이 들어가도 놀라울 것이 없는 상황이 된 것이다. 그런데 모든 전자제품이 소리산업과 연결될 수 있다는 사실은 모든 전자 부문의 제품들이 소리 항목에 대한 잠재적 지출 가능성을 안고 있다는 의미이기도 하다.

자율주행자동차와 소리산업의 결합은 가장 체감온도 높은 변화를 예고하는 부문이다. 지금까지 차를 운전하는 순간은 버려지는 시간으로 취급되었다.

하지만 자율주행자동차가 상용화되면 이동 시간을 활용해서 여가를 즐기거나 다른 일을 처리하는 게 가능해진다. 이때 음성인식 기술은 상상 이상의 편의성을 제공한다. 운행 중인 차량의 방향을 갑자기 바꿔야 할 때도 생길 수 있다. 이런 경우에도 자율주행자동차의 프로그램 박스를 열고 터치스크린을 조작하기보단 몇 마디 말로 명령을 내리는 게 훨씬 수월할 것이다.

이렇게 소리가 연관되는 산업 분야가 늘어날수록 세계의 정부 대부분과 거의 모든 관련 기업들은 소리 관련 비용을 줄이기 위한 방법을 고민하게 된다. 돌비연구소와 DTS는 디지털시대의 출범과 발전에 지대한 공헌을 했다. 그 대가로 막대한 이윤을 챙기기도 했다.

그러나 점점 많은 나라들과 기업들이 소리 시장 생태계에 다른 규칙을 도입하길 희망했다. UHD 방송 시장의 개막은 규칙을 리셋할 최적기였다.

두 번째 소리전쟁_
돌비 vs MPEG

먼저 극장용 음향이 변화해온 과정을 살펴보자. 처음 극장이 소리를 받아들였을 때는 스크린 앞이나 뒤에 커다란 모노 스피커를 한 개 배치하는 게 전부였다. 하지만 영화산업에 스테레오 기술이 도입되면서 두 개의 스피커를 무대 앞에 배치하게 되었다.

그런데 다른 음향효과나 음악과 달리 대사는 아주 또렷해야 효과적이라는 걸 알게 되면서 대사 전용 트랙이 하나 추가되었다. 스크린 앞으로 대사 전용 스피커가 하나 추가되면서 극장에는 총 3세트의 스피커가 세팅되었다.

돌비연구소는 관객 앞쪽뿐만 아니라 측면에서도 효과를 내는 기술을 발표했다. 돌비 서라운드 기술이 등장한 것이다. 관객 옆쪽의 벽면에 서라운드 스피커들이 배치되었다. 하지만 가장 처음 등장한 서라운드 스피커에는 좌우 개념이 없었다. 서라운드 사운드에는 한 개의 채널만 부여되었다. 서라운드 사운드는 단일 소스를 모노로 제공하며 약간의 효과를 추가하는 정도에 머물렀다.

1990년대 극장용 음향은 돌비와 DTS의 기술을 받아들이면서 좌우로 분할된 공간감을 만들어낼 수 있게 되었다. 1992년 〈배트맨2〉를 통해 관객들은 처음으로 돌비 디지털 사운드의 5.1채널을 경험하게 되었다. 이는 놀라운 경험이었다. 과거의 뛰어난 극장 사운드는 음량이 크거나 정위감이 좋은 스피커의 도입 정도로 결정되었다.

돌비 디지털의 새로운 시스템

그런데 돌비 디지털은 극장의 공간을 완전히 다르게 해석하면서 전혀 새로운 시스템을 가져온 것이다. 5.1채널에서 중앙에 위치하는 대사용 스피커, 전면의 좌우 메인 스피커, 측면의 좌우 서라운드 스피커, 방향성 없는 저음의 우퍼로 구성된다.

전면의 메인 스피커는 이름처럼 핵심적인 역할을 담당하므로 소리의 방향 효과를 내는 데 할애하기 어렵다. 그 효과를 좌우 서라운드 스피커가 수행하게 된 것이다. 모노 사운드의 효과음 정도에 만족해야 했던 서라운드 스피커는 1992년을 기점으로 좌우가 분리되어 개별적인 생명을 얻었다. 그 다음해에 〈주라기 공원〉을 통해 데뷔한 DTS 사운드는 같은 원리로 작동하지만 소리의 압축률을 낮춰 차별적인 음질을 구현하려 했다.

이때부터 돌비연구소와 DTS의 기술 전쟁은 극장 밖으로까지 전장을 넓혀가며 2010년대까지 이어졌다. 전 세계 음향 시스템을 지배하는 두 거인은 무손실 압축 코덱을 개발해서 소리의 질을 높이는 한편 스피커의 채널을 늘리면서 맞붙었다. 이들은 독자적인 기술을 사용했고, 음향 엔지니어나 관객들은 자신의 기호에 따라 어느 한쪽을 더 지지했다. 하지만 기술의 작동 원리는 비슷했다. 무손실 압축 코덱에 대해서는 이미 언급했으니 채널의 추가 효과만 짧게 살펴보겠다.

5.1채널의 가장 중요한 성과는 소리에 방향성을 도입했다는 점이다. 7.1채널에선 측면의 좌우 서라운드 스피커 외에 후면의 좌우 서라운드 스피커를 추가로 배치했다. 대사를 전달하는 전면 중앙의 스피커, 전면의 좌우 메인 스피커, 측면의 좌우 서라운드 스피커, 후면의 좌우 서라운드 스피커가 7채널을, 방향성이 없는 우퍼 스피커가 0.1채널을 담당했다.

5.1채널 시스템은 극장 사운드를 좌우의 두 가지로 나눴지만 7.1채널에선 여기에 더해 앞뒤의 공간도 만들어졌다. 이제 좌측 앞쪽에서 발사된 총알이 좌측 뒤쪽의 벽을 깨뜨리는 걸 느낄 수 있고, 우측 뒤쪽에서 다가오는 자동차가 좌측으로 빠져서 지나가는 소리 체험도 가능해졌다.

측면과 후면의 서라운드 스피커 사이, 측면 서라운드 스피커와 전면 서라운드 스피커 사이에 더 많은 스피커를 배치하면 9.1채널, 11.1채널 등 훨씬 더 세밀하게 방향성을 가지고 운동하는 소리를 만들 수 있다. 여기에서 얻을 수 있는 효과도 분명히 존재할 것이다.

하지만 혁신과는 거리가 먼 접근 방법이다. 7.1채널은 5.1채널보다 훨씬 향상된 음향효과를 냈지만 그 작동 원리는 동일했다. 9.1채널이나 11.1채널로 채널을 확장해도 마찬가지였다.

전 세계의 정부와 기업들은 UHD 시대의 음향 시스템이 과거보다 혁신적인 시각에서 만들어지길 기대했다. 그래서 나온 답안이 3차원 공간을 입체적으로 활용하자는 것이었다.

돌비연구소와 DTS의 5.1채널 기술은 영화가 상영되는 공간을 원처럼 활용했다. 물론 극장이나 거실의 실제 공간은 정사각형이나 직사각형에 가깝겠지만 이론적으로 5.1채널의 공간은 원이나 마찬가지였다.

영상을 보고 소리를 듣는 관객이 원의 중심부, 그러니까 원점에 자리한다고 가정했다. 그리고 원점을 중심으로 스피커를 원형으로 배치했다. 전후좌우에 5개 이상의 스피커가 놓였지만 여기에서 나오는 소리는 구심력처럼 원점을 향해 운동했다.

UHD 시대의 음향을 준비하던 이들은 평면 도형인 원이 아니라 입체 도형인 구처럼 관객을 감싸는 소리를 떠올렸다. 좌우로 스피커를 늘리는 채널 경쟁을 넘어서 위아래로도 소리가 움직이 도록 하자는 것이었다. 이러한 발상이 차세대 소리인 '입체음향' 또는 '이머시브 사운드(Immersive Sound)'의 기본 원리다.

차세대 소리가 지니는 의미

'차세대'는 지난 세대 그리고 지금까지의 세대와 대비되는 개념이다. 2018년 현재, 전 세계의 모든 극장과 방송, 가정용 가전제품, 개인 미디어의 소리는 거의 대부분 돌비연구소와 DTS에 의해 만들어졌다. 어느 나라의 기업에서 가전기기를 출시했건 북미의 2개 기업 기술을 라이선스로 사용했을 가능성이 매우 높았다. 그것이 지난 세대와 현재 세대의 소리 시장 구조다.

'차세대' 소리는 소리 시장을 재편한다는 의미를 담고 있는 혁명적인 어휘다. 전 세계에서 음향 기술을 지닌 모든 기업들이 새로운 시대의 주도권을 차지하기 위해 차세대 음향 개발에 나섰다. 전쟁이 시작되었다. 무기는 차세대 음향 기술이었다.

차세대 음향 기술은 ATSC의 북미 지역의 디지털 방송표준 제정 당시 등장하면서 화제를 모았다. ATSC(Advanced Television Systems Committee)는 북미디지털 방송표준위원회라고 번역된다. ATSC는 UHD 시대에 대비하면서 ATSC 2.0을 대체할 방송표준을 제정했다. ATSC는 영상과 음향 등 디지털 TV를 구성하는 여러 기술요소를 고려해서 20개의 새로운 방송표준을 정하면서 이에 관련된 내용을 1,000페이지가 넘는 문서로 공개했다.

영상은 최대 2,160p의 4K 수준으로 구성하며, 초당 120프레임을 넘지 않도록 하며, HEVC를 영상 코덱의 표준으로 하며, 모바일에 최적화한다는 등의 내용이 ATSC 3.0의 표준에 해당했다. 당연히 오디오표준에 대한 경쟁도 벌어졌다.

오디오표준을 놓고 격돌한 단체는 세 곳이었다. 먼저 전통의 강자인 돌비연구소와 DTS가 돌비 AC-4와 DTS:X 기술을 들고나왔다. 북미의 두 기업 외에는 MPEG의 다국적 연합군이 전쟁에 뛰어들었다.

DTS의 DTS:X 기술은 현재도 각종 음향기기에 포함되어 인기를 끌고 있다. 그러나 북미 전체의 기술표준으로 삼기에는 한계가 있다고 느꼈던 것인지 2015년 3월, DTS가 경쟁 참여를 철회했다. ATSC는 돌비 AC-4와 MPEG-H 3D 오디오를 복수표준으로 채택했다.

지금까지 세계에 공개된 차세대 음향 기술은 돌비연구소의 돌비 AC-4, DTS의 DTS:X, MPEG의 MPEG-H 3D 오디오 등 세 가지였는데, 이 가운데 두 가지가 북미표준으로 결정된 것이다. 그런데 돌비연구소와 MPEG가 3차원 음향에 접근한 방법은 서로가 상당히 달랐다.

돌비연구소는 지금까지의 서라운드 음향이 스피커의 위치와 각도에만 집중했다고 판단했다. 그래서 총알이 날아가거나 비행기가 날아가는 소리를 전후좌우의 어느 한곳에서 재현하는 데 성공했지만, 소리가 발생 지점인 스피커 주변에서만 머물고 극장 공간의 원하는 지점에서 재현하도록 하는 데는 실패했다는 것이 그들의 분석이었다. 물론 서라운드 스피커들의 소리를 이어붙이면 왼쪽에서 앞으로, 오른쪽에서 왼쪽으로, 앞에서 뒤로 하는 식의 느낌을 줄 수 있다. 그러나 문제가 있다. 영화 속의 음향은 한 가지 소리만으로 구성되지 않는다.

예를 들어, 스크린 위로 오케스트라가 교향곡을 멋지게 연주하는 장면이 나온다고 치자. 메인 스피커는 수십 가지 악기들이 뒤섞여 만들어낸 소리를 출력해야 할 것이다. 피아노, 제1바이올린, 제2바이올린, 비올라, 콘트라베이스, 트럼펫, 트럼본, 호른 등의 많은 악기 소리들이 아름다운 앙상블을 이루는데, 갑자기 트럼펫 연주자가 자리에서 일어났다. 그리고 악기를 연주하며 무대 중앙, 연주자의 앞으로 올라왔다가 무대 뒤편으로 퇴장한다.

과거의 5.1채널 시스템이었다면 트럼펫 소리만 서라운드 스피커에서 좌우로 움직였을 것이고, 7.1채널 시스템은 뒤쪽의 서라운드 스피커도 조금 이용했을 것이다. 메인 스피커에서 흘러나오는 다른 악기 소리와 서라운드 스피커의 트럼펫 소리 사이에는 어떤 이질감이 느껴질 가능성이 크다.

돌비연구소는 전후좌우의 서라운드 스피커에 종속되어 있던 소리를 해방시켰다. 어떤 스피커의 산물이 아닌, 극장의 어느 특정 공간에 맺히는 소리 개념을 떠올렸다. 이를 실현하기 위해서 돌비연구소는 소리의 디지털 데이터에 주석을 덧붙였다. 주석의 내용은 소리의 좌표 값이었다. 기존의 음향 시스템에선 오케스트라의 악기 소리들을 하나의 덩어리로 관리하면서 트럼펫 같은 일부 요소만 서라운드 스피커로 돌려서 효과를 내는 데 활용했다.

하지만 차세대 오디오에선 다양한 악기 소리를 개별적인 대상(또는 객체, Object)으로 별도 관리한다. 모든 악기를 따로 떼어내면 더욱 좋겠지만 압축률이 좋아도 데이터의 한계가 있으니 위치별로 악기들을 적당히 묶어서 객체화한다. 오케스트라에선 비슷한 악기들끼리 나란히 자리를 차지하니까 금관악기 소리를 하나의 객체, 바이올린 등 소형 현악기 묶음을 하나의 객체, 첼로 같은 중대형 현악기 묶음을 하나의 객체, 건반악기인 피아노를 하나의 객체로 빼는 것이다.

객체 사운드는 0과 1의 숫자 조합으로 구성된 디지털 데이터다. 돌비연구소는 이 데이터에 꼬리표(메타데이터)를 붙여서 좌표 값을 지정해줬다. 그리고 좌표 값에 해당하는 극장 공간의 특정한 지점에 소리가 맺히도록 시스템을 설계했다. 메타데이터를 이용해서 극장 공간을 입체적으로 활용한다는 것이 돌비 AC-4의 기본 개념이다. 1번 현악기의 객체는 어느 지점에서 소리를 내고, 2번 현악기의 객체는 금관악기의 측면 몇 미터 지점에서 소리를 낸다. 건반악기의 소리 좌표는 그보다 몇 미터 앞에 위치하며, 트럼펫 소리는 어느 지점에 맺혔다가 좌표 값의 변경에 따라 어느 지점으로 이동한다.

과거에는 비행기가 이륙하는 소리가 측면에서 다른 측면으로, 또는 뒤에서 앞으로 흘렀다. 이 정도 소리도 어마어마한 충격을 줬다. 그게 돌비연구소와 DTS가 영화산업에 기여하고, 사람들을 기쁘게 한 5.1채널(과 여기에 기초한 확장 채널 기술)의 내용이었다.

차세대 음향 시스템에선 비행기가 아래에서 위로, 뒤에서 앞으로 진짜 입체음향을 내면서 이동하는 게 가능해졌다. 그런데 메타데이터 방식에 대해서 좀 더 생각해보면 좌표 값을 지정한다고 해서 어떻게 소리가 특정 지점에 맺힐 수 있을지 궁금해진다. 그 해답은 머리 위에 있다.

돌비연구소는 극장의 천장에 스피커를 배치했다. 예전의 서라운드 스피커는 관객의 귀 높이로 배치되었다. 서라운드 스피커가 아무리 많아도 높이가 같기 때문에 소리는 수평으로만 이동할 수 있었다.

그런데 관객의 머리 위에 스피커를 추가하면서 상황이 달라졌다. 차세대 음향 시스템에선 너무나 당연하게도 여러 개의 스피커가 필요하다. 예전과 달리 이 스피커는 독립된 역할을 하고 마는 것이 아니라 다른 스피커들과 결합해서 새로운 기능을 수행한다.

차세대 음향 시스템의 장점은 유리한 음향효과의 구성에만 머무는 게 아니다. 대사도 훨씬 명료하게 해준다. 기존의 음향 시스템에서 사람의 목소리는 뭉텅이 소리의 한 부분에 해당했다. 그래서 대사를 명확하게 하기 위해선 목소리 영역대의 주파수를 찾아내 소리를 키워야 했다. 해당 주파수에서 가장 중요한 역할을 한 건 사람의 목소리였겠지만, 다른 여러 잡음 요소들이 끼어들 소지는 얼마든지 있었다. 그러나 대사를 별도의 객체로 관리하는 차세대 음향 시스템에선 사람의 목소리만 따로 뽑아서 키우는 게 가능해진 것이다.

UHD 음향의 또 다른 특성은 소리의 제작 과정에서 찾아볼 수 있다. 지금까지 영화의 소리는 믹싱 과정을 마친 후 압축해서 완성되었다. 그런데 차세대 음향 시스템에선 오디오의 믹싱 과정에 이미 오디오 코덱이 관여한다.

전통적인 방식에선 믹싱 엔지니어는 압축 이전에 채널별 최종 결과물을 만들어냈다. 압축은 그 뒤에 이루어졌다. 돌비 AC-4에선 원하는 입체감을 구현하기 위해서 객체 데이터와 함께 좌표값을 담은 메타데이터를 전송해야 한다. 믹싱 엔지니어는 믹싱 과정에 삽입할 메타데이터를 고려해야 하는 것이다. 돌비 AC-4 기술은 압축 기술이 예전보다 3배 정도 높아진 덕분에 세상에 나올 수 있었다.

지금의 디지털 TV 표준은 5.1채널의 음성 정보를 448kbps 이하의 비트레이트로 전송하도록 하고 있다. 하지만 차세대 음향 시스템에선 16개의 객체 또는 채널을 512kbps로 전송할 수 있도록 규정한다.

소리의 깊이까지 구현하다

소리혁명은 흑백 물감만 사용하던 화가에게 컬러 물감을 선물해주는 것이나 다름없다. 음향 엔지니어들은 기존의 음향 시스템으로 구현할 수 없던 소리의 깊이를 표현할 수 있게 된 것이다. 하지만 MPEG이 내놓은 컬러 물감은 돌비연구소의 것과 상당히 다른 방법으로 소리를 만든다. 앞서 이야기한 것처럼 MPEG은 기업과 학계의 자율적인 결합체다.

이들이 자발적으로 모여들어 각자의 기술을 공개하고 함께 연구에 나서는 까닭은 북미의 양대 기업에 완전히 장악된 시장 구조를 탈피하고 싶기 때문이다. MPEG에서 차세대 음향인 MPEG-H 3D 오디오를 개발한 소그룹은 MPEG-H 오디오 연합(MPEG-H Audio Alliance)인데, 무선통신 시장에서 엄청난 역할을 했던 퀄컴도 회원 가운데 하나다.

퀄컴은 장면 기반 오디오(Scene-based Audio) 이론을 내놓았다. 모든 방향의 음원을 실시간으로 녹음해서 입체음향을 만든다는 점에선 돌비연구소의 360비디오와 비슷할 수도 있다.

최대 22.2채널까지 지원하는 코덱인 MPEG-H 3D 오디오는 세 가지 방식의 입력 신호를 받아들일 수 있다. 채널별 신호, 객체별 신호, 고차 앰비소닉스(High-order Ambisonics)를 통합적으로 받아들이고, 전송할 수 있기 때문에 MPEG-H 3D 오디오는 종합적인 오디오표준이라고도 불린다.

세계 소리산업에 뛰어든 우리나라의 기업 소닉티어는 채널 기반의 극장용 시스템으로 입체음향을 구현하는 전략을 선택했다. 객체 기반의 돌비연구소와 전혀 다른 선택을 한 것이다. 소리를 객체로 지정해서 입체적인 음향을 만들기 위해서 돌비연구소는 극장의 천장을 적극적으로 활용했다. 그러나 소닉티어는 극장의 서라운드, 천장 이외에도 극장의 전면부, 스크린의 뒤쪽 공간에 주목했다. 사람이 받아들이는 소리 정보의 70%는 앞에서 흘러온다. 더군다나 영화의 소리는 화면의 움직임에 의해 발생하기 때문에 관객이 바라보는 정면, 즉 앞쪽에서 만들어지는 게 더 자연스럽다고 판단한 것이다.

화면 좌측 상단에 있던 오케스트라의 트럼펫 연주자가 무대 중앙으로 움직이거나, 비행기가 아래에서 위로 발진해서 날아오르는 등 모든 상황을 가정해도 영상의 움직임에 따라 음원도 스크린상에서 이동하는 것이 당연하다. 그래서 소닉티어는 메타데이터 방식이 아니라 채널 방식으로 새로운 기술을 개발한 것이다.

과거의 5.1채널에서 관객의 앞쪽에는 2개의 메인 스피커와 1개의 대사용 스피커가 세팅되었다. 2개의 메인 스피커는 말 그대로 '메인' 역할을 하는 게 주요 목적이었다. 센터 스피커도 '대사 전용'

이라는 목적이 있었기 때문에 입체감 형성에 핵심적인 역할을 하진 못했다. 그래도 이들은 전면부의 좌측, 중앙, 우측에 위치했기 때문에 가로 방향으로 움직이는 일부 음향효과를 담당했다.

소닉티어는 타사의 입체음향 솔루션과 같은 서라운드, 천장 스피커 구조에 추가로 전면부의 스피커를 복층으로 쌓아올렸다. 소닉티어는 전면부까지도 세분화하여 소리의 세로축을 더한 것이다.

영상에 따라 움직이는 실감음향

소닉티어를 장면 기반 오디오(Scene-based Audio)라고 부르는 이유가 여기 있다. 스크린을 좌우로 5등분, 위아래로 3등분해보자. 스크린의 상단 라인을 A, 중간 라인을 B, 하단 라인을 C라고 하고, 좌측부터 우측까지의 공간에 1부터 5까지의 번호를 먹이면, A1, A2, A3, A4, A5, B1, B2, B3, B4, B5, C1, C2, C3, C4, C5의 15가지 공간이 만들어진다.

이제 오케스트라의 트럼펫 연주자가 스크린 위에서 악기를 연주하며 움직이는 지점을 확인해보자. 처음에 그는 A1 지점에 있다가 A2, B2, B3를 거쳐 C3 지점으로 이동했다. 소닉티어는 그 위치에 맞춰서 트럼펫 소리를 출력한다. 측면의 보조적인 스피커까지 도움을 주면 관객은 영상과 정확하게 일치하는 음향의 조화 속에서 이제까지 겪어보지 못한 몰입감에 빠질 것이다.

그런데 앞쪽에 여러 개의 스피커를 배치한다는 개념만으론 아주 세밀한 소리를 표현할 수 없다. 영화를 송출할 때 소리에 할당되는 채널이 8개뿐이기 때문이다. 소닉티어가 내놓은 해결책은 4배의 무손실 압축 기술이었다. 이에 따라 소닉티어는 극장에서 최대 32채널의 분리된 음향을 사용할 수 있다. 오케스트라의 예를 든다면 악기 또는 악기의 묶음 32개의 소리를 따로 각각 재생할 수 있다는 뜻이다.

채널 기반 음향은 메타데이터 방식에 비해 훨씬 사용하기 쉽다. 일일이 좌표 값을 계산해서 입력하는 대신, 개별적인 채널의 위치에 맞춰 소리를 세팅하면 그만이다. 이 차이를 미술의 표현 기법에 빗대어 이렇게 설명할 수가 있다.

"좌표 값에 맞춰 소리의 작은 점들을 하나하나 찍어서 전체적인 음향을 완성하는 메타데이터 방식을 점묘파라고 한다면, 16개 또는 32개의 채널을 활용하는 소닉티어 방식은 16개 또는 32개로 구성된 각기 다른 색의 물감으로 자유롭게 그림을 그리는 고유의 방식에 해당하는 것이다."

돌비 AC-4의 객체 기반 사운드를 만들기 위해서는 좌표 값을 계산해서 입히는 추가 작업이 필요하다. 영화 한 편에는 수천 개에서 수만 개에 이르는 메타데이터가 필요하기 때문에 작업량은 만만치 않게 커진다. 그러나 소닉티어의 채널 기반 사운드는 소리를 직관적으로 배치하기 때문에 작업 난이도가 훨씬 낮아진다.

그런데 앞서 이야기한 것처럼 디지털 포맷의 개발로 소리전쟁의 전장은 극장에서 끝나지 않는다. 가정의 거실에서도 원하는 소리를 만들어낼 수 있어야 한다. 스마트폰 등의 개인용 전자기기에서도 통합된 소리를 내야 효용성을 극대화했다고 말할 수 있다. 그 방법을 이해하려면 렌더링(Rendering)이라는 새로운 용어부터 살펴봐야 한다.

디지털 사운드는 디지털 데이터를 아날로그적인 소리로 풀어내는 과정을 포괄하는 개념이다. 디지털 데이터를 아날로그적인 소리로 풀기 위해선 너무나 당연하게도 수학적 연산이 필요하다. 그런데 소리를 3차원 입체음향으로 만들어내려니 연산은 더욱 복잡해질 수밖에 없다. 렌더링이 필요해지는 것이다.

한국전자통신연구원(ETRI)은 〈훤히 보이는 디지털 시네마〉라는 책에서 '수치와 방정식으로 서술된 2차원 혹은 3차원 데이터를 사람이 인지할 수 있게 변환하는 과정'을 '렌더링'이라고 정의한다.

세계의 기술표준 경쟁을 벌이고 있는 돌비의 AC-4와 MPEG-H 디지털 오디오는 물론 DTS의 DTS:X는 모두 렌더링 과정을 거쳐야 소리를 낼 수 있다.

압축을 풀어주는 디코더와 위치 정보를 계산하는 렌더러가 모두 필요한 것이다. 채널 기반의 소닉티어 극장 음향 시스템은 4배

수로 압축만 풀어주면 32채널로 전송되어 입체적인 사운드로 구현된다. 그런데 필요한 만큼의 스피커를 원하는 위치에 세팅해놓고 시작하는 극장과 달리 가정에는 그렇게 많은 스피커들을 설치할 수 없다.

5.1채널의 홈시어터 시스템이 세상에 등장했을 때 많은 사람들이 기뻐했지만 정작 집에 5개의 스피커를 세팅한 사람은 일부에 불과했다. 그리고 그들 중 일부는 7.1채널 등의 더 나은 홈시어터를 구축했지만 일부는 TV 스피커로 돌아가기도 했다. 공간 부족, 청소의 어려움, 새로 태어난 아기가 스피커의 트위터를 누르는 등 세세한 이유는 다양하지만 전체적으로는 여러 개의 스피커를 관리하기 힘들다는 것으로 이유가 모였다.

MPEG-H 3D 오디오는 최고 22.2채널까지 확장 가능한데, 실제로 집에 22개의 스피커와 2개의 우퍼를 배치할 수 있는 사람은 극소수에 지나지 않는다. 그래서 TV나 스크린 아래 멀티스피커의 효과를 내는 사운드바나 사운드 플레이트가 큰 인기를 끌게 된 것이다. (사운드바는 길다란 막대기 형태의 스피커이고, 사운드 플레이트는 막대기의 앞뒤를 길게 늘려놓은 형태의 스피커다. 전후 폭의 기준이 있는 것은 아니기 때문에 사운드 플레이트를 사운드바라고 합해서 부르기도 한다.) 사운드바나 사운드 플레이트에는 여러 개의 스피커 유닛이 배치되지만, 실제로 시청자의 좌우나 뒷면에 있는 게 아니기 때문에 입체적인 소리 값에 해당하는 디지털 숫자의 조합을 소리로 바꿔서 전달한다.

우리나라 UHD 디지털 방송의 음성표준으로 채택된 MPEG-H 3D 오디오는 16개의 오디오 신호를 지원한다. 우리나라 UHD 음향표준의 대표적인 채널 구성은 12채널로, 7.1.4로 표기하기도 한다. 7개의 스피커와 1개의 우퍼 스피커, 상하 개념의 소리를 출력하는 4개의 입체음향 스피커를 가리키기 때문이다. 이외에도 객체를 지원해야 하고, 512kbps를 넘지 않아야 한다는 조건이 덧붙는다. 512kbps를 오디오 신호 수인 16으로 나누면 32가 나온다. MPEG-H 3D 오디오 포맷에선 하나의 오디오 신호를 32kbps로 전송한다는 계산이 나온다.

MPEG-H 3D 오디오와 돌비 AC-4, DTS:X는 모두 벡터 기반의 동일한 VBAP(Vector Base Amplitude Panning) 렌더러 기술을 활용한다. 따라서 이들의 기술 차이는 렌더링보다는 코덱에 의해 결정된다. 낮은 압축률을 선호하는 DTS의 특성상 DTS:X보다 MPEG-H 3D Audio의 압축 성능이 높은 것으로 알려지고 있다.

홈시어터 시장에서 멀티채널 스피커는 AV마니아를 대상으로 나름의 시장을 발전시켜나가고 있다. 하지만 가장 대중적인 시장은 디스플레이 기기의 자체 스피커 시스템을 활용하는 것이다. 화질을 중심으로 형성된 디스플레이 시장에서 오디오에 대한 욕구가 꾸준히 증가하면 멀티채널 스피커까지는 아니더라도 사운드바와 사운드 플레이트는 일상적으로 소비되는 제품이 될 가능성이 크다.

　MPEG-H 3D 오디오나 돌비 AC-4를 적용해서 12채널의 효과를 내는 사운드바 또는 사운드 플레이트는 머지않아 시장에 등장할 것이다. 흥미로운 것은 객체 기반 기술로 고정된 돌비 AC-4와 달리 MPEG-H 3D 오디오는 극장뿐만 아니라 방송이나 홈미디어 시장에서도 더 많은 채널을 확보할 수 있다는 점이다. 당장은 12채널로 UHD 방송을 시작하지만 소닉티어의 도움으로 16채널과 32채널의 음향효과를 지원하게 될 가능성도 열려 있다고 할 수가 있겠다.

지금, 또 한번의 소리전쟁

　1990년대 초중반, 돌비연구소와 DTS는 극장에서 처음 격돌했다. 그리고 가정용 홈시어터와 디지털 방송 시장을 장악하기 위해 전투를 벌였다. 그로부터 25년 정도가 지난 지금 두 번째 소리전쟁이 벌어지고 있다.

　전통의 최강자인 돌비사운드와 일합을 겨루는 도전자는 DTS에서 MPEG로 바뀌었다. 지난 25년간 세계의 음향 시장에서 막대한 비용이 돌비연구소와 DTS로 흘러 들어갔다. 돌비연구소와 DTS는 미국의 기업이다. 돌비연구소와 MPEG의 싸움에서 미국 정부가 대놓고 돌비연구소의 편을 들진 않는다. 그러나 팔은 안으로 굽고, 세계의 모든 정부가 자국 산업의 육성과 발전에 주력하는 건 너무나 당연한 일이다. 소리 시장의 막대한 이윤을 놓고 맞붙은 싸움이기 때문에 소리전쟁의 뒤쪽에는 돌비사운드의 원산지인 미국과, 국부의 유출을 줄이려는 한국과 중국, 그리고 유럽연합이 숨어 있다고 해도 논리적 비약은 아닐 것이다.

소리전쟁은 국경이 허물어진 시대의 국가들이 지원하는 경제전쟁이라고 할 수 있다. 따라서 북미 시장이 MPEG-H 3D 오디오와 돌비 AC-4를 공동 오디오표준으로 결정했다고 해도, 국가 차원에서 돌비 AC-4 규격을 지원할 가능성이 높다.

〈스타워즈〉부터 〈배트맨2〉를 거쳐 〈메리다와 마법의 숲〉에 이르기까지 북미 소비자들에게 돌비 사운드가 매우 친근하다는 점도 돌비연구소만의 경쟁력이라고 할 수 있다. 따라서 북미 시장의 극장을 놓고 생각하면 도전자인 MPEG에 비해 돌비연구소가 유리해 보인다.

MPEG에게 유리한 지점도 있다. 지금까지 많은 스마트폰이 돌비연구소나 DTS의 기술을 탑재한 사실을 들어, 뛰어난 음질을 자랑으로 내세웠다. 영화나 방송 콘텐츠를 스마트폰에서 재생할 때 좋은 코덱으로 선명한 음질을 얻을 수 있다면 매우 좋은 일이다. 그러나 미디어 시장은 변화하고 있다. 영화나 방송국처럼 신뢰도 높은 콘텐츠 제작자가 만든 영상의 중요성은 여전하지만 이제 미디어의 소비자들이 직접 콘텐츠를 생산하기도 하는 시대가 되었다. 아프리카TV나 유튜브를 통해서 직접 만든 영상 콘텐츠를 공유하는 건 최근의 아주 중요한 문화 트렌드라고 할 수 있다. 돌비 연구소나 DTS의 기술이 지원하는 건 어디까지나 신뢰도 높은 콘텐츠 제작자들의 결과물이었다.

돌비 AC-3나 DTS 기술로 만들어진 영화를 돌비 AC-3나 DTS 코덱으로 깔끔하게 재생하는 것이 전부였다. 일반 소비자들이 '셀프캠'을 찍을 때 돌비 AC-3나 DTS 기술을 적용할 순 없었다. MPEG 진영은 일반 소비자들이 동영상을 촬영할 때에도 입체음향을 적용할 수 있는 기술을 지원한다. 모든 기업에 기술을 공급하는 돌비연구소지만 일반 소비자와 직접 연결되는 컨슈머 시장을 만들지는 못했던 것이다.

이와 달리 세계 최고의 스마트폰 보급률을 자랑하는 우리나라에서는 이미 컨슈머 시장을 겨냥한 입체음향 애플리케이션의 개발이 완료된 상황이다. 이 기술 역시 MPEG-H 3D 오디오의 표준을 지원하는 저작 도구를 개발한 소닉티어에서 보유하고 있다.

과거의 소리전쟁에서 돌비연구소와 DTS는 극장을 먼저 공략한 후 방송과 홈시어터 시장까지 접수하는 톱다운 전략을 구사했다. 그러나 이번 소리전쟁에 1차 전장은 없다. 극장과 방송, 가정과 개인에 이르는 여러 시장에서 동시다발적으로 전쟁이 벌어진다.

돌비연구소는 극장과 방송, 홈시어터 시장을 연결하는 기존 전략을 구사하겠지만 MPEG 연합군은 톱다운과 보텀업 전략을 함께 펼칠 전망이다. 극장에서 더 많은 채널과 전면에서 뿜어나오는 입체감으로 비교우위를 확보한 후 그 장점을 방송용 시장으로 이어가는 건 톱다운 전략이라고 할 수 있다. 하지만 상대가 가지지 못한 컨슈머 시장을 장악해서 소비자에게 직접 새로운 소리 시스템의 주인공 이미지를 각인한 후 방송과 극장에서의 경쟁에 도움을 받겠다는 건 보텀업 전략이라고 할 수 있다.

    ATSC 3.0은 북미표준이니까 당연히 북미에서 먼저 만들어졌다. 그렇다고 북미에서 곧바로 UHD 방송을 시작하는 건 아니다. ATSC 3.0의 표준기술이 적용된 UHD 방송을 지상파에서 처음으로 정식 서비스하는 건 우리나라가 세계 최초다.

    물론 아직까지 우리나라에서 UHD 기술로 제작하는 드라마는 많지 않고, 차세대 음향까지 적용한 콘텐츠의 수는 더욱 적다. 그러나 디지털 기술은 한번 붙으면 걷잡을 수 없이 번지는 불길과 같다. 전 세계의 어느 나라보다 스마트폰 기술을 적극적으로 받아들이고 활용하는 우리나라의 컨슈머 시장도 기존에는 없던 소리 시장을 만들어낼 것이다.

    두 번째 소리전쟁은 더 큰 시장을 놓고 격돌한다. 더욱 중요한 사실은 실제 시장이 어느 지점까지 확대될지 예측할 수 없다는 점이다. 소리는 다양한 미디어의 효율적인 표현 도구였다.

    그런데 4차 산업혁명 시대에는 미디어의 범위가 훨씬 넓어지고 있다. 자동차는 4차 산업혁명을 맞아 기계에서 미디어로 위치를 전환할 1번 타자로 꼽힌다.

소리는 자율주행자동차를 컨트롤하는 가장 중요한 도구가 될 것으로 보인다. 자율주행자동차는 너무나 흔하게 이야기되어 잠깐 예시로 든 대상에 불과하다.

돌비연구소와 DTS의 전쟁은 극장에서 시작되어, 스마트폰 같은 소비자 가전 시장으로까지 전장을 넓혔다. 1990년대 초중반에는 스마트폰 시장의 크기와 중요성을 어렴풋이 짐작할 뿐 정확하게 직시할 수 없었다.

지금도 그렇다. 돌비연구소와 MPEG의 전쟁은 영화와 방송 콘텐츠에서 시작될 것이다. 여기에 일반 소비자용 애플리케이션이 추가되지만 전체적으로는 전통적인 미디어 영역이라고 할 수 있다.

그러나 10년 후, 20년 후 소리전쟁과 연결되는 산업 분야가 어디로까지 넓어질지는 정확하게 예측하기 어렵다. 그래도 그 범위가 어마어마하리라는 데에는 이견을 가지기 어렵다.

4

4차 산업혁명은 새로운 소리혁명

전 세계가 급변하고 있다. 4차 산업혁명의 거대한 파도 앞에서 세계 각국은 변화에 맞서기 위한 각자의 발전 전략을 세우고 있다. 독일의 인더스트리 4.0, 미국의 첨단 제조 2.0, 일본의 재흥전략, 중국의 중국제조 2025 등이 대표적이다. 모든 나라들은 스스로의 강점을 극대화하거나 약점을 해소하기 위한 최적의 솔루션을 찾는 중이다. 우리나라의 문재인 정부도 대통령 직속 기관으로 4차 산업혁명 위원회를 설치하고 최선의 발전 전략을 모색하고 있다. 변화의 문 앞에서 어떤 결정을 내리는가에 따라 우리가 맞이할 미래의 모습은 완전히 달라질 것이다.

소리산업이
선진국 진입의 열쇠다

　산업혁명은 언제나 혁신적인 기술로 미래의 먹거리를 찾으려는 모색이었다. 4차 산업혁명도 다르지 않다. 정보통신 기술의 발전은 다양한 분야의 기술적 혁신을 불러왔다. 그리고 여러 분야의 혁신 기술을 다시 정보통신 기술로 연결해서 더욱 효율적인 결과물로 업그레이드하는 것이 4차 산업혁명이다.

　그런데 '더욱 효율적인 결과물'이란 무엇일까? 기술은 고도화하지만 기술이 아닌 인간 중심으로 사고하는 것이 4차 산업혁명 시대 효율성의 핵심이다. 따라서 더욱 효율적인 결과물이란 인간의 만족도를 한 단계 높여낸 성과라고 정리할 수 있다. 우리에게 다가올 미래에 우리를 더욱 행복하게 해줄 것이 무엇인지 충분히 고민한다면 4차 산업혁명에 대한 우리 전략의 조감도를 그려볼 수 있다.

산업은 기준에 따라 수백 수천 가지 방법으로 분류할 수 있다. 하지만 결국 세상의 모든 산업은 오감을 위한 산업이라고 할 수 있다. 시각을 위한 산업, 후각을 위한 산업, 미각을 위한 산업, 촉각을 위한 산업 그리고 청각을 위한 산업으로 가늠할 수 있는 것이다.

건설 분야를 예로 들어보자. 건설 분야의 시각 산업으로는 도시디자인, 건축디자인, 실내디자인, 토목건축물 디자인 등이 있다. 후각 산업은 도시나 건물에 악취가 발생하거나 퍼지지 않도록 하는 보건 관련 산업을 예로 들 수 있다. 미각 산업은 건축물에 어울리는 음식 문화와 연결 지을 수 있다. 촉각 산업은 건축물의 기밀성과 관련지어 생각할 수 있다. 이는 단열효과를 높이는 등 에너지 효율과도 관계된다. 공간의 공기, 습도, 온도를 고려하는 것도 촉각 산업으로 분류 가능하다.

인간 감각의 최우선 요소로는 시각과 청각이 꼽힌다. 그런데 청각 산업은 미디어산업의 오디오 분야를 제외하면 발전 속도가 느린 듯하다. 우리나라의 상황이 특히 그렇다. 국민 또는 시민 삶의 안정성은 선진국의 핵심 가치 가운데 하나다. 그렇기 때문에 거의 모든 선진국이 재난 안전방송을 정책적으로 중요하게 다룬다. 그런데 우리나라의 재난 안전방송은 수준 이하로 보인다. 공공장소의 스피커로 흘러나오는 재난 안전방송은 알아듣기조차 힘들다.

소리의 질이 형편없기 때문이다.

우리나라에서는 소리산업의 중요성을 심도 깊게 고민하지 않는 것 같다. 선진국이란 어떤 나라일까? '돈이 많은 나라'라고 단번에 선진국으로 인정받진 못한다. 그건 가정과 마찬가지다. 흥청망청 많은 돈을 써댄다고 명문가 소리를 듣진 못한다. 합리적인 기준 없이 물 쓰듯 돈을 쓰는 집안은 오히려 졸부라며 경멸의 대상이 되기 쉽다. 합리적인 소비를 통해 비상사태에 대비하는 여유자금을 만들어서 안정성을 확보한 가정을 우리는 좋은 집안이라고 말한다.

나라도 마찬가지다. 국민의 삶이 롤러코스터처럼 널뛰기하지 않는 나라가 좋은 나라다. 따라서 재난에 대한 대비 체계의 수준이야말로 그 나라의 위치를 확인할 수 있는 척도라고 할 수 있다.

새로운 소리, 재난 안전의 필수적 요소

재난 안전에 관해서는 그 중요성을 아무리 강조해도 지나치지 않다. 재난 안전과 소리의 연관성을 생각한다면 두 가지로 생각해 볼 수 있다.

우선은 재난 현장에서 소리의 중요성이다. 재난 안전은 그 특성상 사전 예방이 어려운 영역이다. 대규모의 홍수, 밀어닥치는 태풍, 지진의 강타, 화산의 폭발, 멀리서 밀려드는 해일 그리고 그러한 재난들 뒤에 반드시 따르는 2차적인 산사태, 대기의 황폐함, 또 대

규모 도로 및 교량의 소실과 건물의 붕괴 등으로 인한 참혹한 인명의 희생. 생각하기도 싫지만 그렇다고 외면할 수도 없다.

이런 자연 재난들을 우리는 사전에 예방할 수 있는가? 발전된 첨단의 기술 장비로 사전에 인지하는 것과 예방하는 것은 다른 문제이다. 결국 인지하더라도 인지된 재난을 경험할 수밖에 없는 것이다.

자연 재난을 사전에 예방할 수 없다면 사람으로 인한 인재는 예방할 수 있을까? 언제나 그렇지는 않다. 인재는 자연 재난보다는 그 정도가 다르겠지만 사안에 따라서 미리 예방하기란 굉장히 어려운 일이다. 그리고 그 구분도 모호하다. 미세 먼지나 황사는 자연 재난의 망토를 입었지만 결국 사람이 만들어낸 결과이다. 극심한 한파나 지구 온난화 그리고 맹렬한 폭염 역시 광의로 보면 인재라 할 수 있다.

자연재난과 인재를 구분하는 것은 의미가 없어 보인다. 재난 안전의 목표가 홍수, 태풍, 지진, 화산, 해일 그리고 한파, 폭염이나 건물 등의 붕괴, 선박의 전복 등을 막자는 것이 아니고 결국, 인명을 최대한으로 살리자는 것이라면 더욱 그렇다. 일단 한번 시작되면 순식간에 상황이 급변하여 되돌릴 수 없는 결과를 초래하기는 마찬가지다.

재난이 발생한 현장에서 오감 중에 가장 중요한 감각이 무엇일까? 단연, 청각이다. 시각은 상황이나 시간적 공간적 범위에 제한을 받는 경우가 많다. 그래서 각종 재난 시에는 청각을 이용한 사이렌을 활용하는 것이다. 화재로 검은 연기가 자욱한 건물이나 지하철 안에서 과연 우리는 비상등을 발견할 수 있을까? 그 안에서 우리는 천장으로부터 밀려 내려오는 검은 연기를 피해 자세를 낮추고 줄지어 오리걸음으로 전진하라 교육받는다. 하지만 우리는 어디로 전진해야 할까? 비상등도 안 보이고 이정표도 없다. 그저 앞사람의 등 언저리를 더듬거리며 어디로 가는지도 모른 채 두려움 속에 전진하고 있다.

　이때 어디선가 스피커에서 정확한 소리가 들려온다. 그리고 반복된다. "오른쪽으로 30미터 가시고 우회전한 뒤 계단을 오르세요. 모두가 힘을 내세요. 그곳에 비상구가 있습니다." 그 목소리는 매우 명징하고 깨끗하다. 출력만 커서 여기저기 울리고 잘 알아듣지 못하는 소리가 아닌, 필요한 곳에 정확히 전달되는 깨끗한 소리이다. 과연, 출력에 의존한 양적인 소리가 아닌 명료도에 의존한 질적인 소리이다. 그렇다. 재난에서 안전을 담당하는 한 축은 현장에서의 재난 방송이고 그 핵심이 소리의 질 즉, 명료도에 있다.

　재난 방송의 명료도에 더하여 우리는 음향 입체 기술을 생각할 수 있다. 재난에 처한 사람들은 현장 여기저기에 분포되어 있고 그들의 탈출구는 정해져 있다. 그들이 위치하는 곳과 그들의 움직임에 따라 명료도 있는 정보를 정확하게 그리고 연속적으로 전해주기 위해서 반드시 필요한 것은 소리의 입체 기술 구현이다. 여기서도 실감음향을 구현하는 음향 입체 기술이 그 진가를 발휘한다.

재난은 사전에 예방하기 어렵고 이미 맞닥뜨린 재난을 피할 수도 없다. 그러나 미리 대비할 수는 있다. 그것이 재난 교육이다. 재난 안전의 또 다른 축이 재난 교육인 것이다. 우리는 '교육'이라는 단어를 떠올리면 살짝 거부감이 먼저 든다. 뭔가 익숙하지 않은 것을 배우고 습득하여 몸에 익혀야 하는, 그런 것들이 자동적으로 떠오른다. 당연한 이치다. 쉽고 재미나고 나도 모르는 사이에 배우고 몸에 익히는 방법을 생각해내야 한다. 바로 애니메이션이다.

애니메이션은 표현하기 힘든 수많은 영상들을 만들어낼 수가 있다. 무섭게 하늘로 뿜어오르는 용암, 순식간에 차례대로 무너져내리는 고층 건물 등, 실제 일어나지 않았지만 우리의 상상대로 자유롭게 영상을 만들어낼 수 있는 장점이 있다. 이 또한 재난에 아주 용이하게 쓰이는 애니메이션의 속성이다.

질 좋은 재난 교육용 애니메이션을 만들어야 한다. 질 좋은 교육용 애니메이션이란 세 가지 속성을 모두 갖추어야 한다. 우선, 각종 재난 현장을 잘 표현하고 있어야 한다. 같은 화산 폭발이라도 그 형태와 성질이 다르다. 엄청난 양의 화산재를 하늘로 내뿜는 화산이 있는가 하면 강물처럼 뜨거운 용암만 순식간에 흘려보내는 화산이 있다. 각 종류의 재난은 세분화되어 각기 다른 형태로 우리를 위협한다. 모두가 상황 별로 구체적으로 분류해서 표현되어야 한다. 두 번째는 각기 다른 재난 현장에 맞는 대비책이 효과 있게 설명되어야 한다. 다른 현장은 다른 행동 요령을 필요로 한다. 마지막으로 엔터테인먼트 요소가 있어야 한다. 재미가 있어야 한다는 의미다. 급박하고 긴장감이 감도는 재난 현장에서 그 현장에 정확하게 맞는 효과적인 대비책이 그 힘을 발휘하여 극적으로 많은 사람을 구해내는 좋은 드라마가 기획되어야 한다.

질 좋은 교육용 애니메이션을 만들어 공중파 방송은 물론 초등학교를 비롯해 대학 교양에 이르기까지 그리고 성인 교육 등 다양한 채널로 계속 노출시켜야 한다. 자연스럽게 교육이 되어 미리 대비를 하는 것, 그것이 재난 현장에서 골든타임을 놓치지 않는 유일한 해법이다.

이러한 재난 교육용 애니메이션에 입체음향 기술을 이용한 실감음향이 적용된다면 그 교육 효과는 더욱 확실해질 것이 분명하다. 우리는 재난 교육에서 재난 안전과 새로운 소리의 또 다른 연관성을 찾을 수 있다.

재난 안전의 목표는 재난에 처한 단 한 사람의 마지막 생명까지도 구해내는 것이다. 재난 안전의 두 축을 현장에서의 재난 방송과 미리 대비하는 재난 교육이라 한다면, 새로운 소리는 재난 안전의 필수적인 요소임이 분명하다.

교육 시스템과 음향 기술

　찬바람이 불면 마음이 더욱 서늘해지는 이들이 있다. 수능시험을 앞둔 학생과 학부모들은 하루가 다르게 초조해진다. 그들만큼은 아니어도 수능 시즌이면 옆에서 지켜보는 모든 이들이 마음을 졸이게 된다. 부분적인 변화가 없었던 것은 아니지만 수능시험은 1993년 처음 실시된 이래 20여 년째 이어져오고 있다. 물론 수능시험이 완벽한 제도는 아니다. 그래도 현실적으로 학생들의 노력을 평가하는 가장 공정한 방법이라고 국민 대부분이 인정하기 때문에 수능시험은 지속되고 있는 것이다. 그런데 수능시험은 완벽하지 않다. 그 가운데 하나가 소리의 문제다.

　오래전에는 영어를 문법 위주로 공부했다. 그러다보니 일반적인 가정이나 사회에서 사용하는 언어보다 고급스러운 문어적 표현에 치중하는 경향이 있었다. 미국인도 어려워하는 고급 독해는 가능하지만 일상 언어를 구사하지 못하는 아이러니가 벌어지기도 했다. 그래서 최근에는 문법 위주의 교육을 지양하고 읽기, 쓰기, 말하기, 듣기 등의 종합적 학습으로 변화했다. 특히 말하기와 듣기의 중요성은 점점 더 커지고 있다. 평가시험에서도 말하기와 듣기 항목이 강화되고 있다.

　그런데 학교를 수능시험 장소로 제공하기 불편하다는 어느 고등학교 교장선생님의 말씀은 의외다. 영어시험에서 청취 문제의 소리가 제대로 들리지 않아서 시험을 망쳤다는 항의가 생각보다 많다는 것이다.

　스피커 하나를 교체해서 해결할 문제가 아니다. 교육 환경 자체에 대한 반성이 필요한 시점이다. 어쩌다 지역 고등학교에 특강을 가면 어린 학생들에게 이렇게 열악한 교육 환경을 제공했다는 기성세대로서의 죄책감까지 느끼게 된다. 외부 소음은 제대로 차단하지 못하고 안쪽에서 발생한 소리는 심하게 울리는 교실은 한숨을 자아내게 한다.

　소리의 측면에서 볼 때 공장보다 열악한 교실도 적지 않다. 그런데 이런 강의실에서 영어듣기평가를 하면서 국가시험의 공정성을 자신할 수 있을까? 외부 소음이 뒤죽박죽 섞인 것도 문제지만 강의실마다 제각각인 방송음향 시스템도 시험의 공정성을 심하게 훼손한다. 강의실마다 소리의 명료도가 다 다르고, 같은 강의실이라도 위치에 따라 소리의 명료도가 너무 심하게 달라진다. 강의실과 좌석 배치가 청취시험 점수에 직접적으로 영향을 준다면 이 불공정성은 누가 책임지고 보완해야 할까?

　우리나라에는 아직 소리 명료도에 크게 영향을 미치는 건축음향과 방송음향 시스템의 기준안이 없다. 현재 공공장소의 방송음향 설비는 소방법규의 안내방송 요소 정도로 관리되는 게 전부다. 방송음향 설비 기준안도 따로 없어서 전기 및 통신 설비의 일부로 처리되고 있다.

한 예로, 방송음향 시스템의 접지와 전기 및 통신 접지도 구분하지 않고 있다. 라디오 안테나에 전원 케이블이 닿아서 발생한 잡음을 들어본 이들이 있을 것이다. 미약한 전기도 음향기기와 만나면 쉽게 잡음을 만들어낸다. 방송음향 시스템과 일반 전기기기의 접지를 함께 사용했다간 음향 스피커가 각종 잡음의 종합선물상자가 될 수도 있다. 그래서 선진국에선 방송음향 시스템이 해당 공간에 맞춰 최적화된 적정 음압, 적정 잔향, 소리의 명료도를 내도록 설계·구성하고 있다.

물론 선진국이라고 처음부터 소리의 양(크기)을 넘어서 질(명료도)까지 강조하진 않았다. 그들도 어느 정도의 경제 수준까지는 '들리는 소리'에 만족했다. 그러나 국민의 문화 수준과 소득이 향상되면서 좋은 소리를 추구하게 변한 것이다. 좋은 소리를 구현하려면 여러 분야를 종합적으로 검토해야 한다. 오감산업 가운데 청각산업이 가장 늦게 발달한 이유가 여기 있는지도 모르겠다.

불과 60년 전만 해도 우리나라는 전쟁의 잿더미 속에서 간신히 일어난 세계에서 가장 가난한 나라였다. 그런데 반세기 만에 세계 12위의 경제 대국으로 성장했다. 산업이 형성되던 1970~1980년대에는 건설업의 역할이 컸고, 국민소득과 함께 문화 수준도 높아진 2000년대 이후로는 미디어산업으로도 세계의 주목을 받고 있다.

그런데 건설 강국인 우리나라에서 유독 청각 부문에는 아직도 개선의 여지가 많은 듯하다. 특히 우리나라에선 고가의 음향기기만 들여놓으면 소리의 질을 확보할 수 있다고 여기는 잘못된 경향이 있다.

우리나라의 수입 음향 장비 시장은 세계 7대 시장으로 평가된다. 매출 규모로 보면 일본과 비슷한 수준이다. 산업 규모는 일본의 4분의 1 정도, 국민소득은 2분의 1 정도라는 사실에 비추어볼 때 수입 음향 장비 시장의 규모는 의외라고 할 수 있다.

공공기관 등 방송음향 시스템 구축 심의를 하다보면 과잉설계를 종종 발견하게 된다. 해당 공간에서 효율적인 소리를 내지도 못하는 장비가 거의 대부분 외국산이라는 사실은 씁쓸한 마음을 들게 한다. 비싼 장비가 좋은 소리를 만들 수도 있지만 그 관계가 필연적이진 않다.

소리도 환경을 종합적으로 고려해서 최적화했을 때 최상의 품질을 낼 수 있다. 음향산업 분야만도 크게 세 가지로 나눌 수 있다. 소음이나 진동을 다루는 환경음향, 소리의 반사음을 다루는 실내음향, 마이크·믹싱콘솔·음향효과기·파워앰프·스피커 등을 다루는 전기음향은 각기 다른 전문성을 요구하는 분야다.

우리 귀는 스피커에서 직접적으로 내는 소리만 선별해서 듣지 못한다. 우리는 공간의 반사음과 소음이 뒤섞인 최종적인 소리를 듣는다. 그래서 환경음향, 실내음향, 전기음향을 종합적으로 고려해야 한다. 그리고 전문성을 갖춘 운영자가 컨트롤해야 좋은 소리를 들을 수 있다. 우리가 듣는 소리는 환경음향, 실내음향, 전기음향, 운영자의 네 가지 요소 가운데 가장 낮은 품질에 맞춰 하향 평준화되어 있다.

소리의 품질을 고민하다

4차 산업혁명 시대, 문화산업 시대에 소리산업의 발전 가능성은 무한하다. 우리나라는 IT 강국, 반도체 강국, 생명공학의 강국이다. 그런데 사회 안전과 공정한 교육환경 확보 등을 위해서 가장 기본적으로 갖추어야 할 기준안도 마련하지 못하고 있다.

좋은 소리는 크기가 아니라 품질로 결정된다. 소리의 품질에 대한 고민은 재난 안전방송이나 영어 듣기평가의 수준 향상뿐만 아니라 방송기술을 강화하는 결과를 낼 수 있다. 지금은 방송부터 영화, 컨슈머 시장에 이르기까지 미디어산업의 소리 분야가 한꺼번에 변화하는 시점이기 때문이다.

세계에서 가장 먼저 UHD 방송을 실시할 우리나라는 다른 나라보다 한 발 앞서 UHD의 표준도 정했다. 4K의 영상에 10.2채널의 사운드가 대한민국의 UHD 방송표준인데, 돌비의 차세대 음향 포맷이 아니라 MPEG-H 3D 오디오라는 포맷을 표준으로 채택했다는 사실에 주목해야 한다.

MPEG은 mp3 파일 때문에 오디오 규격으로 오해를 받곤 한다. 하지만 MPEG은 1988년에 설립된 동영상전문가집단이다. 세계의 통신산업 및 전자산업의 주요 기업들이 회원으로 가입해 있는 연합체라고 할 수 있다. 우리나라의 삼성전자, LG전자, 한국전자통신연구원(ETRI), 독일의 프라운호퍼연구소, 미국의 퀄컴과 AT&T, 영국의 BT 등이 대표적인 회원들이다.

이들 기업의 면면을 하나씩 살펴보면 하나의 표준을 설정하는 것이 얼마나 엄청난 일인지 짐작할 수 있다. 프라운호퍼연구소는 광학 분야에서 뛰어난 업적을 남긴 독일의 과학자 요제프 폰 프라운호퍼의 이름에 유래를 두고 있으니 과학 관련 단체라는 사실은 쉽게 짐작할 수 있다.

프라운호퍼연구소의 정식 명칭은 '응용연구 진흥을 위한 프라운호퍼협회'다. 프라운호퍼협회와 프라운호퍼연구소라는 이름이 동시에 사용되는 건 이 단체가 66개의 연구소의 연합체이기 때문이다. 연합체답게 어느 한 지역이 아닌 독일 40여 곳에 정보통신기술, 생명과학, 마이크로일렉트로닉스, 광학과 표면 소재, 재료와 부품, 국방과 보안 등 7개 분야로 나뉘어 운영된다.

연구소들은 각자 기업의 위탁을 받아 기초 기술을 상용화하는 방법을 연구하는데, 그 실적에 따라 정부에서 예산을 배정받는다. 사실상 독일의 과학 기술과 기업을 연결시켜 국가경쟁력을 강화하려는 국책연구소라고 할 수 있다.

퀄컴은 미국의 무선 전화통신 기술을 연구하고 개발하는 기업이다. 1990년 CDMA 기반의 이동통신 기지국을 처음으로 디자인

했고, 1992년부터는 CDMA 휴대폰과 기지국에 들어가는 핵심 칩을 제조했다. 스마트폰 이전에는 전 세계의 모든 이동통신기기의 핵심 칩을 독점적으로 생산하던 거대 기술 기업이다.

AT&T는 세계에서 가장 거대한 통신회사다. 전화를 발명한 알렉산더 벨이 1877년 설립한 회사가 발전한 기업이다. 너무 거대한 공룡으로 성장한 탓에 1982년에 독점규제법을 적용받았고, 1984년에는 7개의 지역별 운영 회사로 분할되었다. 7개사 가운데 하나였던 사우스웨스턴벨은 2005년 모기업을 인수하면서 다시 AT&T의 이름을 사용하게 되었다. 2014년 세계 기업 순위 34위, 2015년 33위, 2016년 23위를 차지했다. 브랜드 조사 기관인 밀워드 브라운에서 선정한 브랜드 가치 평가에서는 2016년 4위, 2017년 6위에 랭크되었다. 두 해 모두 구글과 애플, 마이크로소프트가 1위부터 3위까지를 차지했다.

BT는 영국의 전기통신공사(British Telecom)이다. 이외에도 애플, BBC, 후지쯔, 히타치 맥스웰, 휴맥스, IBEX PT 홀딩스, 세종대 산학협력단, 인포브리지, 인텔렉추얼 디스커버리, JVC 켄우드 코퍼레이션, KAIST, KBS, KT, 강원대 산학협력단, M&K 홀딩스, NEC 코퍼레이션, 뉴라컴, NHK, NTT 도코모, 지멘스, SK플래닛, SK텔레콤, 성균관대 산학협력단, 뉴욕시 콜럼비아대학 신탁위원회, 한국항공대 산학협력단, 경희대 산학협력단 등 수많은 기업과 학회, 연구 집단이 MPEG의 회원으로 가입해 있다.

원래는 동영상 압축 기술의 표준을 정립하는 것이 주요 업무였는데, 2010년부터 차세대 음향 기술의 표준 정립에도 적극적으로 나섰다. 25년간 돌비연구소와 DTS가 보유했던 5.1 채널의 독점권이 만료되었기 때문이다.

지난 25년간 돌비연구소와 DTS에 막대한 비용을 지불해야 했던 통신 및 전자산업의 주요 기업들은 자체 음향 포맷을 개발하여 차세대 음향의 MPEG 표준 인증을 받으려고 나섰다.

극장에서 시작되는 소리혁명_
세계 특허 Y축의 비밀

극장용 음향 시설부터 가정용 코덱에 이르기까지 세계의 음향 알고리즘은 두 개의 미국 기업, 돌비연구소와 DTS에 의해 지배되어왔다. 이들은 뛰어난 기술을 한 번 출시하고 끝내는 것이 아니라 지속적인 기술 혁신으로 세계의 음향 시장을 장악했다.

2010년대의 기술전쟁에서 먼저 포문을 연 쪽은 돌비연구소였다. 2012년, 돌비연구소는 극장용 입체음향 시스템인 돌비 AC-4를 개발했다. 이 기술은 두 단계로 구현된다. 최대 64개의 스피커가 관객을 완전히 둘러싸도록 360도로 배치하고, 천장에 독립된 스피커를 추가한다. 영화의 소리 정보에 위치 값을 꼬리표처럼 달아서 재생한다. 메타데이터 방식으로 저장된 소리의 좌표(위치 정보)가 시스템에 전달되는 것이다. 돌비연구소는 이렇게 객체 기반의 입체음향을 만들었다.

우리나라 기업인 소닉티어는 독자적인 방식으로 극장에 입체감을 선사한다. 우리는 1990년대에 5.1채널 사운드를 경험하며 문화적인 충격에 빠진 바 있다.

1999년작인 〈매트릭스〉는 한쪽에서 반대쪽으로 날아가는 발자국 소리와, 탄피들이 떨어지며 내는 청량한 소리들, 정신없이 좌우를 오가는 타격음을 관객에게 선물했다. 그때도 우리는 입체적인 소리라며 감동을 받았다.

그런데 어떻게 더 입체적인 사운드를 만들 수 있을까? 측면에 더 많은 스피커를 세운다는 것일까? 입체적인 사운드를 떠올릴 때 흔히 하는 오해는 측면 사운드를 지나치게 강조하는 것이다. 물론 측면 사운드의 도입은 영화음향에 놀라운 변화를 줬다. 그러나 측면의 소리는 어디까지나 보조적인 역할만 수행한다.

우리는 정면에서 오는 소리를 압도적으로 중요하게 받아들인다. 우리를 흥분시켰던 영화 속 사운드도 정면의 오른쪽에서 왼쪽이거나, 정면의 왼쪽에서 오른쪽으로 흐르던 소리들이다. 그렇기 때문에 극장의 음향 수준은 스크린 뒤에 설치한 전면 스피커가 결정한다고 단언해도 과장이 아니다. 사람이 인지하는 소리의 70% 이상은 전면에서 온다. 그러니까 극장 음향 역시 70% 이상을 전면 스피커가 책임지는 셈이다.

그렇다면 지금까지 극장의 멀티채널은 어떻게 구성되었을까? 현재 5.1채널의 극장의 경우 전면에 3개의 스피커를 배치하고, 스크린의 영상에 맞춘 사운드가 3개의 스피커를 좌우로 넘나들며 관객의 귀를 자극했다.

소닉티어는 전면의 소리를 훨씬 섬세하게 쪼갰다. 그리고 3개가 아니라 15개의 스피커를 전면에 배치했다. 이쑤시개처럼 가늘고 길쭉한 스피커를 다닥다닥 붙인 게 아니라 3층으로 스피커를 쌓아 올린 것이다.

전면부 Y축이 구현해내는 입체음향

소닉티어는 좌우로 다섯, 위아래로 셋, 5 X 3의 형태로 15개의 스피커를 입체 배열하는 기술의 독점권을 확보했다. 지금까지의 멀티채널 사운드는 전면부 X축을 따라서 좌우로만 움직였는데, 소닉티어가 Y축을 추가하면서 소리는 상하좌우 어디로든 이동하면서 입체적인 음향효과를 낼 수 있게 된 것이다. 스테레오 2채널이나 5.1채널에는 늘 입체음향이라는 단어가 따라 붙었다. 놀라운 기술 혁신이었다. 하지만 지금까지의 스테레오나 멀티채널은 소리를 수평으로만 평면 분할한 것이었다. 진정한 입체음향은 대한민국에서 시작되는 중이다.

극장을 구성하는 3대 요소를 3S라고 한다. 화면(SCREEN)과 음향(SOUND), 좌석 편의성(SEAT)이 그것이다. 극장에서의 소리혁명은 영화의 3분의 1을 혁신하는 것이 아니다. 그 이상이다. 1927년의 할리우드는 영화에 소리를 추가면서 세계의 영화 시장을 석권하는 데 성공했다. 1950년대 이후 유럽영화가 시장에 균열을 가했지만 돌비와 DTS의 음향 기술 지원을 받은 할리우드는 1980년대 이후 세계 영화 시장을 재차 정복했다.

3S는 각자 자유로운 부분이 아니라 서로에게 지속적으로 영향을 끼치는 요소들이다. 이제 극장 스크린은 4K의 고화질로 전환하고 있다. 고화질 영상은 스크린 속의 구체적인 좌표에서 뿜어져 나오는 정확한 소리를 기대하게 만들 것이다.

그렇다면 아직까지 전면 스피커의 입체 배치가 시도되지 못한 이유는 무엇일까? 그건 채널 개수의 제한 때문이다. 영화의 상영이란 만들어진 영상과 소리 정보를 내보내는 행위다. 영상과 소리의 정보는 도로 위를 달리는 자동차처럼 스크린과 스피커를 향해 달려간다. 영화 상영에서 채널이란 영상이나 소리 정보가 오가는 고속도로나 마찬가지다. 문제는 이 고속도로의 차선이 무제한이 아니라는 데 있다.

디지털 영사 시스템에서 소리가 오갈 수 있는 도로는 8차선이 전부다. 100명의 관현악단이 연주하는 음악이 있다고 치자. 악기마다 마이크를 붙이고 별도 녹음해서 100개의 채널로 송출하면 원음의 감동은 최대한 살아날 것이다. 그러나 현실적으론 불가능하다. 전 세계 표준 망에서 소리에 제공하는 채널은 8개로 제한되기 때문이다.

[5.1채널 사운드 시스템]

사운드가 영상 속 피사체의 움직임을 따라잡지 못하고
획일적 영역 안에서만 움직인다.
또한, 단순 음량 조절 연출만으로는 실감음향 체험이 어렵다.

1. 배우가 오른쪽 아래에 총을 쏘지만, 오른쪽 스피커에서 총소리가 난다.

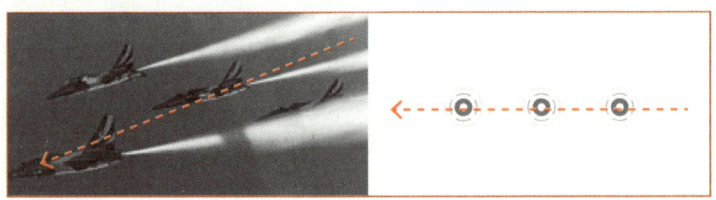

2. 비행기가 오른쪽 위에서 왼쪽 아래로 날아가지만, 일직선으로 나열된 스피커에서 소리가 난다.

3. 세 명의 배우가 각자 다른 위치에서 대화하지만, 가운데 스피커에서만 소리가 난다.

[소닉티어의 사운드 시스템]

영상 속 피사체의 움직임에 따라 사운드 연출이 가능해,
서라운드 채널 스피커가 사운드 영역에 따라
명료하고 명확한 실감음향을 선사한다.

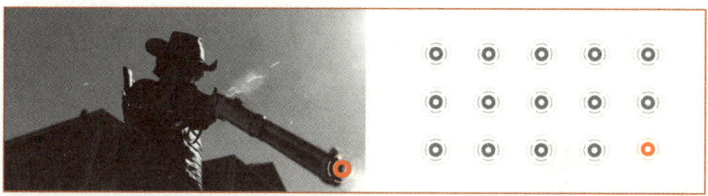

1. 배우가 오른쪽 아래에 총을 쏘면, 오른쪽 아래의 동일한 위치의 스피커에서 총소리가 난다.

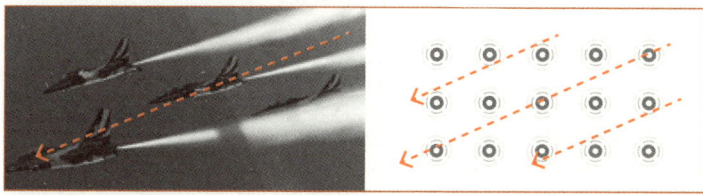

2. 비행기가 오른쪽 위에서 왼쪽 아래로 날아가면, 비행기의 이동선에 따라
동일한 위치의 스피커에서 소리가 난다.

3. 세 명의 배우가 각자 다른 위치에서 대화하면, 각각의 위치의 스피커에서 정확하게 소리가 난다.

그런데 소닉티어는 16채널과 32채널을 지원한다. 8개의 고속도로밖에 허용되지 않은 세계에서 16개 또는 32개의 목적지를 향해 달릴 수 있는 비결은 무엇일까? 그건 우리나라 소닉티어와 한국전자통신연구원(ETRI)에서 개발한 기술 덕분이다. 소닉티어는 한국전자통신연구원을 통해서 개발한 4배 무손실 압축 기술로 소리 정보를 송출하기 때문에 전 세계에서 독보적인 사운드 솔루션을 제공할 수 있는 것이다. 더 많은 채널을 자유롭게 사용하기 때문에 얻을 수 있는 기대 이익은 무한하다.

싱크의 정확성도 그중 하나다. 스크린상에서 움직이는 배우의 위치와 대사의 음원을 일치시키기 위해 극장과 음향업계는 부단히 노력해왔다. 대사의 싱크는 영화 콘텐츠 전반에 걸쳐 대사 전달력이라는 명제에 가장 중요한 영향을 미친다. 극장업계는 음향 시스템 선정에 있어서 대사 전달력 평가에 무게를 두고 다루고 있다.

배우는 스크린상에서 쉼 없이 움직이고 있고, 대사의 싱크를 고려한다면 스크린상에서 배우의 입에 채널을 배정해야 한다는 사실은 자명하다. 전면 스크린에 15개의 많은 채널을 적용할 수 있는 소닉티어 솔루션이 정확한 대사 전달력 역시 해결할 수 있는 시스템임을 그 누구도 직관적으로 알 수 있다.

배우의 대사가 완벽히 싱크되어 있는 공연이나 뮤지컬의 현장감을 잠시나마 떠올려보자. 극장 스크린에서도 공연장과 같은 현장감을 경험할 수 있는 시대가 온 것이다.

그럼 소닉티어의 입체음향을 우리는 언제부터 감상할 수 있을까? 지금 당장도 가능하다. 전 세계에서 극장은 대부분 체인 형태로 운영되고 있다. 우리나라는 CGV와 메가박스, 롯데시네마가 대표적이다. 2015년 기준으로 우리나라에는 약 2,500개, 전 세계에는 약 14만 개의 스크린이 있다. 이 숫자는 2020년까지 20만 개 수준으로 늘어날 전망이다. 이들 대부분은 5.1채널 사운드를 지원한다. 우리나라에서 소닉티어 시스템을 받아들인 곳은 20여 개관 정도다. 돌비의 새로운 포맷인 애트모스 시스템을 갖춘 곳도 20여 개관으로 비슷한 수준이다. 많진 않지만 새로운 멀티시스템으로의 전환을 준비 중이라는 사실을 알 수 있다.

한 개의 스크린을 새로운 시스템으로 바꾸는 데는 보통 약 1억 6천만 원의 예산이 소요된다. 소닉티어와 애트모스 가운데 승자를 확신하지 못하는 극장들로서는 함부로 시설 변경에 나서기 힘든 부담 요인이다. 하지만 변화는 거스를 수 없다. 스테레오 2.0 사운드의 극장들이 5.1채널로 전환하기까지는 5년이 채 걸리지 않았다.

스크린전쟁의 탄환은 콘텐츠에서 나온다

첫 번째 소리전쟁은 돌비와 DTS 사이에서 벌어졌다. 주된 전장은 북미의 극장이었다. 북미 기업이 북미에서 격돌했으니 거대한 규모의 내전이었다고 봐도 무방할 것이다. 두 번째 소리전쟁은 세계대전이다. 그리고 우리가 그 전쟁의 한 축이다.

대한민국의 미래는 소닉티어와 애트모스 사이의 소리전쟁 결과에 엄청난 영향을 받을 것이다. 전쟁에는 무기가 필요하다. 음향업계 세계 최고의 공룡 기업에 맞서기 위한 우리의 총알은 무엇일까? 좋은 콘텐츠가 최고의 무기다.

그럼 좋은 콘텐츠란 어떤 것일까? 절대 포기하지 말아야 할 질문이다. 영화인은 좋은 영화를 만들어야 하고, 방송인은 좋은 방송을 만들어야 한다. 그런데 '콘텐츠의 함정'이라는 용어가 있다. 미디어는 콘텐츠의 생산자와 소비자를 미디움(연결)해주기도 하지만 내용과 형식을 결합시켜주는 도구이기도 하다. 기술과 예술을 조합하는 도구라고도 할 수 있다.

미디어와 콘텐츠는 항상 함께해야 하는 존재다. 그런데 역설적으로 좋은 콘텐츠에만 집중해서는 콘텐츠의 한계에 봉착하게 된다. 과거 무성영화 시절에도 좋은 영화를 만드는 제작자는 많았다. 하지만 영화에 소리가 도입된 이후에도 무성만 고집하면서 살아남을 수 있는 제작자는 없었다. 흑백TV가 컬러TV로 대체될 때도 마찬가지였다. 좋은 콘텐츠를 지속 생산하기 위해서는 콘텐츠 안쪽으로만 침잠해서는 안 된다. 미디어 형식에도 관심을 가져야 한다.

유성영화가 무성영화를 대체하고, 컬러TV가 흑백TV를 밀어낼 수 있었던 원인을 다시 한 번 생각해보자. 〈재즈 싱어〉 이후 1년 또는 3년 동안 단 한 편의 유성영화만 제작되었다면 유성영화의 시대가 도래할 수 있었을까? 할리우드가 〈재즈 싱어〉의 성공을 일회성으로 치부해서 유성영화를 위한 녹음 설비를 대대적으로 확충하지 않았다면 세계의 영화 시장이 할리우드 중심으로 통합될 수 있었을까? 설날과 추석에만 컬러 콘텐츠를 방송한다면 사람들은 비싼 값의 컬러TV를 구매했을까? 유성영화나 컬러TV는 시장에서 자리 잡지 못하고 변두리를 맴돌다가 사라졌을지도 모른다.

또 하나의 가정을 추가해보자. 1927년 이후 뉴욕에선 유성영화가 다수 개봉하고, 보스턴에선 무성영화만 주구장창 상영한다면 이후 어떤 도시가 영화의 메카로 발전하게 되었을까? A 방송국은 총천연색 주말드라마 제작에 적극적으로 나섰는데, B 방송국은 송년특집 디너쇼만 컬러로 촬영한다면 광고 수입이 집중될 방송국은 어디일까?

소닉티어 입체 사운드는 대한민국의 발전에 큰 몫을 하리라고 기대하게 만드는 혁신적인 기술이다. 하지만 아무리 뛰어난 기술도 그 자체로 세계 시장을 호령할 순 없다. 최고의 기술을 구현한 상품이나 샘플이 충분할 때에만 시장의 문을 여는 방문객을 맞이할 수 있다.

다행히 우리나라에는 세계의 관심이 집중된 문화 상품이 풍부하다. 세계의 미디어업계는 대한민국이 문화적 항로를 어떻게 잡는지 예의주시하고 있다. 이러한 상황에서 최근 3년 동안 우리나라의 영화계는 소닉티어 입체음향 기술로 녹음된 영화를 다수 제작했다. 2012년에서 지금까지 57편의 한국 영화가 소닉티어 입체음향 기술로 녹음되었다. 같은 기간에 돌비의 신기술이 적용된 한국 영화 제작 편수는 한 손으로 꼽을 수 있을 정도다. 하지만 아쉽게도 소닉티어 입체음향을 즐길 수 있는 극장의 수는 아직 제한적이다. 영화가 담고 있는 소리혁명의 진면목을 아직 잘 모르고 있다. 그러나 시간의 문제다. 본격적인 UHD 음질의 방송 서비스가 이루어지면 이들 영화들은 세계 시장에 소개되는 샘플이 될 것이다.

세계 최대의 시네마 시장은 할리우드다. 지금까지 돌비연구소는 미국 극장 시스템의 대다수를 지배해왔고, DTS가 일부 시장을 분할해왔다. 이 숫자는 돌비와 DTS 기술로 제작된 영화 비율과 거의 정확하게 일치한다. 소닉티어 사운드를 담은 영화가 많다면 소닉티어 포맷의 극장이 늘어날 것이고, 애트모스 기술의 콘텐츠가 많으면 그만큼의 극장이 돌비 시스템을 선택할 것이다.

지금 우리는 우리나라의 2,500개가 아니라 전 세계의 20만 개 스크린을 놓고 전투태세에 돌입했다. 전쟁에 승리하기 위해선 소닉티어 사운드의 장점을 정확하게 보여줄 흥미로운 샘플이 다수 필요하다. 좋은 영화, 재미난 영화, 흥미진진한 영화가 우리의 총알이다. 지금까지 국내 영화 현장에서의 반응은 만족스럽다.

할리우드 시장에 우리나라 소닉티어 입체음향의 자리가 존재할까? 기술은 정직하다. 소닉티어 사운드가 충분히 매력적이라면 충분히 가능성 있는 일이다.

우수한 한국 영화와 한류 열풍, UHD 방송 시장의 표준 경쟁은 할리우드의 관심을 자극하고 있다. 우리나라의 음향 기술이 할리우드의 표준 자리를 차지하기 위한 본격적인 움직임에 나섰다. 곧 소닉티어의 16채널, 32채널 방식으로 녹음된 최초의 할리우드 영화도 시장에 나올 예정이다. 4차 산업혁명 시대에는 빛의 속도로 기술 전환이 이루어질 것이다. 그 기술은 다시 다른 기술과 뒤섞여 더 큰 변화를 낳기도 한다.

당장 우리가 할 일은 세계 UHD TV의 시험장인 대한민국에서 세계를 유혹할 만한 영화와 방송 콘텐츠를 적극적으로 제작하는 것이다.

새로운 소리가
새로운 시장을 만든다

 디지털 포맷은 전문가와 비전문인의 경계를 허물었다. 예전에는 직업마다 분명한 진입 장벽을 지니고 있었다. 여러 이유가 있겠지만 직업에 딸린 장비도 중요한 이유 가운데 하나였다.

 아날로그 필름 시대에는 중형 카메라의 가격도 만만치 않았을 뿐만 아니라 사용법도 까다로웠다. 전문가가 아니라면 어지간해선 비싼 비용을 지불하면서 중형 카메라를 사지도 않을 뿐더러 수동으로 초점 거리와 조리개 값을 조정하며 촬영에 나서기도 어려웠다. 인화 과정도 마찬가지였다.

 우리나라의 사진 스튜디오들은 둘로 나뉘어 있었다. 가족사진을 촬영하는 스튜디오들은 동네마다 한두 군데씩 개점했는데, 잡지나 광고를 촬영하는 스튜디오들은 강남구 신사동과 충무로 일대에 집중되어 있었다. 가족사진은 주택가에 자리 잡고 있어야 소비자들과 만날 수 있기 때문에 동네 곳곳에 자리를 틀 수 있었다. 하지만 잡지나 광고 사진은 마감 일정에 맞춰 빠르게 인화하는 것이 더 중요했다. 사진 현상소들이 신사동과 충무로에 몰렸기 때문에 스튜디오들도 근처에 입점할 수밖에 없던 것이다.

이처럼 비싼 가격과 까다로운 사용법, 관련 인프라와의 접근성은 전문가와 비전문가를 너무나 쉽게 갈라놓았다. 그런데 디지털 시대가 되면서 준전문가가 여기저기서 튀어나오기 시작했다. 굳이 작동하기 어려운 고가의 카메라를 사용하지 않더라도, 저렴한 디지털 카메라로 구도나 색감을 잘 포착해서 주위의 인정을 받을 수 있게 된 것이다. 디지털 포맷은 아날로그 시대의 장비 장벽을 허물면서 훨씬 더 많은 소비자들이 직접 멀티미디어를 조작할 수 있게 해주었다.

특히 스마트폰의 등장은 이런 변화를 가속화했다. 아날로그 시대에는 비싼 비용을 감수하고 '반드시' 사진을 촬영하겠다는 사람만 고가의 카메라를 구매했다. 디지털시대로 넘어가면서 필름 비용도 안 드는 디지털 카메라를 '어지간하면' 갖출 수 있게 되었다. 스마트폰 시대에는 '호기심만으로' 기본 애플리케이션의 카메라를 사용하다가 무료 애플리케이션을 다운받아서 간단한 보정까지 가능해졌다.

아날로그를 겪다가 디지털로 넘어간 세대와 달리 애초부터 디지털 환경 속에서 태어난 세대는 애플리케이션을 직관적으로 사용한다. 이들은 특별한 각오나 준비 없이도 본능적으로 사진 촬영, 동영상 촬영, 사진의 컬러 보정, 편집과 합성, 동영상 편집을 해낸다. 디지털 세대는 미디어 콘텐츠 생산자의 개념을 바꾸어버렸다. 전문가가 아니어도, 비싼 장비를 갖추지 못해도 직접 미디어 콘텐츠를 생산하고 소비할 수 있게 된 것이다.

미디어 콘텐츠의 생산자와 소비자 사이에 존재하던 벽이 허물어지고 프로슈머의 시대가 열렸다. 많은 콘텐츠를 소비해본 소비자는 퀄리티 높은 콘텐츠를 생산하고 싶다는 열망을 품게 되었다. 그리고 그러한 욕망이 새로운 시장의 형성으로 이어지고 있다.

돌비연구소와 DTS는 25년간 전 세계의 음향 시장을 놓고 경쟁해왔지만 고객은 기업이었다. 홈시어터 시장을 통해서 기업이 아닌 일반 소비자에게 돌비 디지털, 돌비 디지털 플러스, 돌비 트루HD, 돌비 프로 로직, 돌비 애트모스 등의 단어를 알리며 브랜드의 인지도를 향상시키긴 했지만, 돌비연구소나 DTS의 기술에 비용을 지불하는 건 기업들이었다. 과거의 시장을 너무나 강력하게 지배했기 때문에 역설적으로 새로 형성되는 시장은 이들에게 너무나 낯설 수 있다.

하지만 우리나라의 기업 환경은 다르다. 우리나라는 지속적으로 디지털 미디어의 실험장이 되어왔다. 1990년대 후반, 대한민국에서는 세계 최초로 게임 방송국이 문을 열었다. 그때까지만 해도 게임 시장은 게임의 제작자와 소비자 사이에만 존재한다는 게 상식이었다.

1997년의 일이다. 전략시뮬레이션 게임인 스타크래프트가 인기를 끌자 전국의 게임마니아들은 PC방에서 쪽잠을 자가면서 게임 대회를 열었고, 애니메이션 방송국은 이들이 대결을 벌이는 방송 프로그램을 제작했다. 방송이 엄청난 인기를 끌면서, 두 개의 게임 전문 케이블 방송국까지 생겨났다. 국내 굴지의 대기업들이 스폰서를 자처하면서 게임리그가 만들어졌고, 삼성전자, MBC게임, CJ, 화승, KT, SK텔레콤 등은 게임단까지 창설했다. 당시 최고의 인기를 구가하던 프로게이머들에게는 별명과 팬클럽이 생길 정도였다. 임요환과 홍진호의 대결에는 '임진록'이라는 닉네임까지 붙었다. 임진록이 열리는 날이면 젊은 직장인이 방송을 보기 위해 서둘러 귀가하기도 했다.

디지털 미디어의 실험은 방송국 밖에서도 이루어졌다. 대한민국 전역이 광케이블로 연결되면서 아프리카TV에서도 게임 방송이 열렸다. 기업이 아닌 개인이 주최하고 진행하는 방송이었다. 여행이나 요리, 먹방, 메이크업 등 세상에 존재하는 거의 모든 분야의 개인 방송도 시작되었다. 개인 방송인 만큼 진행자가 제작자 겸 기술 스태프를 겸했다. 하지만 일부 방송의 인기는 어마어마할 정도로 높았다. 공중파 채널에서 개인 방송의 포맷을 변형해서 활용하는 사건까지 생겨났다.

　사람이 모이는 곳에는 돈의 흐름이 발생한다. 일부 개인 방송 진행자들은 걸어 다니는 개인 기업으로 불릴 만큼 큰 수익을 내기 시작했다. 이러한 흐름은 우리나라에만 국한되지 않는다.
　컴퓨터가 있는 곳이라면 전 세계 어디에서건 유튜브를 모르는 사람이 없을 것이다. 유튜브는 2005년에 세상에 등장했다. 개인 간의 동영상 공유 사이트로 시작된 유튜브는 매년 시장 점유율을 늘려나갔다. 유튜브에 올라오는 동영상 가운데 가장 큰 비중을 차지하는 건 역시 방송국이나 영화사에서 제작했거나 이를 일부 수정한 자료들이다.
　하지만 해가 갈수록 소비자가 직접 또는 개인 방송국에서 제작하는 영상이 늘어나고 있다. 그 이유는 간단하다. 유튜브가 등장하던 2005년만 해도 디지털 캠코더와 컴퓨터 편집 프로그램이 없으면 직접 콘텐츠를 생산하기 쉽지 않았다. 그런데 스마트폰의 보급으로 콘텐츠 제작이 수월해진 것이다.
　이제 특별히 준비하지 않아도 버스를 타고 학교에 가다가, 주말에 등산을 갔다가, 아이의 생일잔치를 벌이다가 뜻밖의 상황이 발생하면 스마트폰의 촬영 버튼을 누르는 세상으로 바뀌어버린 것이다. 와이파이 등의 무선통신 인프라가 향상된 것도 유튜브의 인기에 좋은 영향을 끼쳤다.

점점 더 많은 사람들이 유튜브를 찾고 있다. 2015년의 유튜브 방문자는 10억 명을 돌파했다. 2017년을 기준으로 1초가 흐를 때마다 5시간 분량의 동영상이 유튜브에 업로드되고 있다. 우리나라에서도 유튜브의 인기는 막강하다. 2016년 6월을 기준으로 100만 명 이상이 구독하는 유튜브 채널은 30개, 10만 명 이상이 구독하는 채널은 460개를 넘는다. 한 해 전과 비교할 때 두 배 가까이 늘어난 수치다. 이러한 성장세는 앞으로도 지속될 것이라고 전망된다.

유튜브가 인기를 끄는 원인은 간단하다. 재미있는 콘텐츠가 많기 때문이다. 그렇다면 반대로, 개인이 재미있는 콘텐츠를 만들어서 업로드하는 이유는 무엇일까? 수익이 되기 때문이다.

유튜브로 수익을 내는 방법은 이렇다. 먼저 유튜브의 소유주인 구글 계정을 만들어서 유튜브에 가입한다. 콘텐츠 제작자는 10편 이상의 동영상을 업로드하고 유튜브의 파트너가 되길 요청한다. 구글 계정으로 애드센스에 가입한다. 애드센스는 유튜브 파트너와 광고주를 연결하는 광고대행사다. 애드센스가 파트너의 동영상에 광고를 붙인다. 파트너가 업로드한 콘텐츠를 더 많은 소비자가 시청할수록 광고료는 높아진다. 애드센스는 광고 시청 결과에 비례하는 광고비용을 파트너에게 제공한다.

유튜브로 돈을 벌기 위해선 직접 콘텐츠를 만들어야 한다. 그

것도 사람들의 관심을 끌 만큼의 완성도를 갖추어야 한다. 그렇다 보니 개인 방송으로 수익을 내고 싶은 이들은 장비에 대한 욕심을 낼 수밖에 없다. 스마트폰이 존재하기에 성장할 수 있는 시장이지만, 콘텐츠 제작에 나서는 순간 스마트폰 이상의 장비를 탐내는 역설적인 상황이 만들어진 것이다. 스마트폰 이상의 카메라를 원하면 DSLR이나 웹캠을 사용하면 된다. 비용이 부담스러우면 '카메라파이 라이브' 같은 애플리케이션을 활용할 수도 있다. 가격대에 맞춰 다양한 영상 장비를 선택할 수 있다.

그런데 사운드를 보강하려면 어떻게 해야 할까? 음질 좋은 마이크 이외에는 답이 없었다. 오디오 믹서나 믹싱 프로그램이 없는 건 아니지만 별도의 기술이 필요하다. 이런 상황에서 등장하는 것이 차세대 음향 시스템을 지원하는 애플리케이션이다.

소닉티어는 직관적으로 조작해서 일반 소비자 동영상에 입체 음향을 입힐 수 있는 스마트폰 애플리케이션을 개발했다. 소닉티어는 콘텐츠 제작자들을 위해서 음향 편집 애플리케이션을 무료로 배포하고 있다. 이 애플리케이션은 5.1채널까지 스마트폰으로 편집 가능하며, 곧 UHD 음향 표준인 12채널도 편집 가능한 애플리케이션 역시 무료 배포할 계획이다. 스마트폰으로도 12채널 음향이 편집 가능한 시대가 온 것이다.

이 애플리케이션은 프리미어나 프로툴스를 사용하는 PC와도 호환이 된다. 지금 스마트폰은 초고해상도의 영상을 담을 수 있다. 그렇다면 스마트폰으로 초고해상도의 영상을 촬영하고 고가의 음향 스튜디오에 갈 필요 없이 스마트폰이나 개인 PC로 UHD 표준 12채널 음향을 편집할 수 있게 된 것이다.

그렇다면 소닉티어의 수익 모델은 무엇일까? 어떠한 콘텐츠든 영상과 음향을 편집한 후에는 렌더링이라는 과정을 거치게 된다. 콘텐츠 창작자들은 자신이 만든 창작물의 마지막 과정, 조마조마한 그리고 기대되는 렌더링 시간을 누구나 경험한다. 이 렌더링 시간에 광고를 노출시킨다는 전략이다. 여기에는 두 가지 의미가 있다.

첫 번째는 콘텐츠를 재생하면서 수익 모델을 찾는 유튜버들과의 차별화 전략이다. 제작 과정에서 수익 모델을 만든 경우이다. 남의 창작물을 재생하면서 소비하는 광고 시간은 소비자에게는 어느 정도 저항이 있는 건 사실이다. 그러나 나의 창작물의 결과를 기대하면서 광고 시간을 소비하는 것은 다른 의미다. 더욱이 노출되는 광고가 영화 광고, 게임 광고, 뮤직비디오 광고, 웹툰 광고라면 더욱 흥미진진해진다. 광고 콘텐츠들이 고품질 입체음향으로 제작되어 있다면 창작자들에게는 또 다른 자극이 될 것이다.

두 번째 의미는 광고 시간을 소비하는 창작자에게 광고 수익을 셰어한다는 것이다. 광고에 소비하는 시간에 비례해서 광고 수익을 셰어하는 시스템을 제공한다는 것이 소닉티어의 전략이다. 물론, 저작자들은 자신의 콘텐츠로 유튜브 등 재생 단계에서 이미 존재하는 수익 모델을 향유할 수 있다. 그러나 저작 단계에서 새로운 매체 시장과 수익 모델을 창출하고, 창출된 수익을 저작자와 창조자에게 셰어한다는 생각은 참으로 콘텐츠 저작자에게 초점을 맞춘 저작자 중심, 컨텐츠 중심의 수익 모델이 아닌가.

5

그래서
새로운 소리가 답이다

미디어는 최전선에서 변화의 형태를 살펴보고 그 미래를 전망한다. 그리고 다시, 예측된 미래에 맞춘 콘텐츠를 생산한다. 미디어는 변화의 관찰자인 동시에 전달자이며 주도자다. 극장과 방송, 개인 미디어 등 모든 미디어의 소리 포맷이 바뀌고 있다. 다행스러운 일은 우리나라의 음향 알고리즘 회사가 복합적인 대책을 지니고 있다는 사실이다. 소리는 미디어 콘텐츠에서 시작되지만 4차 산업혁명과 연결되어 사회 전방위에서 활용될 것이다. 우리나라는 한류 등 미디어 콘텐츠는 물론 스마트폰과 디스플레이 기기 등의 전자제품 제조업과 같은 소리 관련 산업에 뛰어난 인프라를 지니고 있다. 소리혁명을 제대로 준비만 한다면 당장은 미디어의 일자리 확충을, 미래에는 세계 경제의 주도권을 획득하는 데 큰 역할을 할 것이다.

그 시작은
미디어 시장에서부터

지금까지 살펴본 것처럼 세계의 콘텐츠 시장은 빠르게 재편되고 있다. 변화는 세 가지 방면에서 동시에 진행되고 있다.

첫 번째 변화의 지점은 극장이다. 1990년대 돌비연구소와 DTS가 5.1채널 시스템을 도입한 이후 극장음향은 20여 년간 비슷한 형태를 유지해왔다. 하지만 5.1채널 시스템에 대한 돌비연구소와 DTS의 특허가 만료되면서 세계의 다채널 음향 시장은 거대한 지각 변동을 맞이할 준비 중이다.

현재 가장 눈에 띄는 두 개의 진영은 전통의 강자, 돌비연구소와 새로운 도전자 소닉티어다. 돌비 애트모스 기술의 돌비연구소와 소닉티어 외에도 음향 회사는 존재한다. AURO 11.1의 오로사운드와 DTS: X의 DTS 등이 대표적이지만 UHD 방송표준 경쟁에서 탈락한 이들의 전망을 아주 낙관적으로 바라보긴 힘들다.

돌비연구소와 소닉티어가 극장용 음향 시스템에 접근한 방향은 사뭇 다르다. 돌비연구소는 스피커의 위치에 따라 소리가 결정되는 채널 기반 사운드를 과거의 기술이라고 주장한다. 그 대신 좌표 값을 입힌 소리가 극장의 여기저기에 맺히도록 해서 진정한 입체감을 구현하겠다고 한다.

돌비연구소의 메타데이터 기술은 원래 영상에 부수적인 정보를 삽입하기 위해 만들어졌다. 음향에 이 기술을 적용하면서 돌비 애트모스가 만들어진 것이다. 돌비의 차세대 음향은 무대 전면이 아니라 객석에 포커스를 맞췄다. 소닉티어는 서라운드, 천장 이외에도 관객의 눈이 향하는 스크린 방향에 채널을 세분화했다. 수많은 좌표 값을 설정해서 영화의 특성에 따라 수천 개에서 수만 개에 이르는 메타데이터를 삽입하는 복잡한 과정을 거쳐도 어차피 소리 정보의 대부분은 정면에서 얻어지기 때문이었다.

돌비 애트모스는 세심한 좌표 값 할당으로 8채널 스피커의 소리를 입체화하는 방법을 택했고, 소닉티어는 16채널 또는 32채널의 직관적인 입체음향을 선택했다. 두 진영 모두 각자의 논리를 지녔기 때문에 둘 사이의 진검승부가 어떤 결론을 낼지는 아직 미지수다.

두 번째 변화는 방송 시장에서 찾아올 전망이다. 2000년대 많은 화제를 모았던 디지털 방송이 이제는 완전히 자리를 잡았고, 더 나은 화질과 음질의 차세대 방송으로의 전환을 대기 중인 상황이다.

　UHD 방송의 표준을 놓고 격돌하는 진영은 돌비연구소와 MPEG이다. 북미 시장에서는 돌비연구소의 우세가 예상된다. 1990년대부터 5.1채널 음향의 절대 지존이었던 돌비연구소는 북미 시장에 많은 지지층을 지니고 있다. 또한 돌비연구소 자체가 북미 기업이기 때문에 미국 정부 입장에서는 돌비 기술이 많은 외화를 벌어들이는 것이 흐뭇하기만 할 것이다.

　그러나 그간 돌비연구소나 DTS에 많은 비용을 지불해야 했던 유럽 및 아시아의 정부와 기업의 입장은 정반대일 것이다. MPEG에 독일의 국책연구기관이라고 할 수 있는 프라운호퍼연구소가 적극적으로 참여한 것도 같은 이유에서가 아닐까 싶다. MPEG 음향표준을 지원하는 저작 도구 개발업체는 전세계적으로 일부가 있으며, 그 중 대표적인 업체로는 국내 기업인 소닉티어가 있다. 돌비연구소는 저작 도구와 송출, 재생 모두 자체 기술을 보유하고 있다.

　방송 시장에서의 차세대 음향은 12채널을 표준으로 한다. 이를 풀어낼 포맷은 다양하다. 10개의 스피커와 2개의 우퍼스피커 조합인 10.2, 11개의 스피커와 1개의 우퍼스피커 조합인 11.1, 7개의 스피커와 1개의 우퍼스피커 그리고 4개의 천정용 스피커를 조합한 7.1.4 등 총 12개의 채널만 만족하면 변형은 얼마든지 가능하다. 그런데 흥미로운 점은 MPEG이 송출과 재생을 담당하지만, 소닉티어도 송출과 재생, 즉, 인코딩과 디코딩 자체 기술을 보유하고 있다는 사실이다. 소닉티어의 기술을 활용하면 16채널이나 32채널의 프리미엄 스피커 시스템 또는 사운드바를 만들 수도 있다.

마지막 변화의 장은 개인 소비자들의 시장이다. 지금까지도 플레이스테이션이나 엑스박스, 워크맨 등 돌비연구소와 DTS의 기술을 받아들인 개인용 미디어 시장은 존재했다. 하지만 기존의 개인용 미디어 시장은 기업에서 제작한 콘텐츠를 재생하는 데에만 국한되어 있었다.

스마트폰의 확산은 시장을 완전히 바꾸어놓았다. 언제 어디서나 고화질 카메라를 꺼내서 간단히 촬영하고 쉽게 편집해서 개인 미디어를 제작하는 것이 가능해졌기 때문이다.

구글은 유튜브로 수익을 창출하는 제작자가 전 세계에 100만 명 이상이라고 밝혔는데, 이 가운데 상당수가 1인 미디어이며 그 숫자는 계속 증가할 것이다. 이러한 개인 고객들은 영상과 음향의 퀄리티를 높이기 위해서 늘 고민하고 있다.

변화의 지점으로 손꼽은 극장, 방송, 개인 미디어는 서로 다른 시장이다. 소리를 만들어내는 원리부터 상이하다. 극장용 사운드는 스피커에서 소리를 내보내는 전통적인 방식을 사용한다. 디스크리트(Discrete, 개별) 방식이라고 부르는 이 솔루션은 매우 직접적인 방법으로 소리를 만들어낸다. 방송음향을 가정에서 입체적으로 즐기기 위해선 홈시어터나 사운드바를 설치해야 한다. 홈시어터도 소리의 반사를 활용하긴 하지만 기본적으로는 디스크리트 방식을 채택했다고 보는 게 옳을 것이다.

사운드바는 납작한 하나의 막대기에서 입체적인 공간감을 제공하기 때문에 마술 같은 느낌을 준다. 그 비밀은 WFS(Wave Field Synthesis) 기법에 있다. 소리를 천장이나 벽에 반사시키거나 공간에 입체적인 가상 음향효과를 만드는 것이다. 여기저기 여러 대의 스피커를 배치하지 않고도 효과를 볼 수 있기 때문에 점점 큰 인기를 끌고 있다.

개인 미디어는 스마트폰 등의 개인용 디바이스를 통해 소비된다. 이런 플랫폼 모델은 주로 이어폰이나 헤드폰을 통해서 소리를 재생하는데, 바이노럴 기술로 입체감을 만든다. 귀머리 함수(소리의 전달 속도를 다르게 하는 좌표 값 지정 기술)를 이용해 소리의 전달 속도를 달리해서 입체감을 주는 것이다. WFS 기법과 마찬가지로 버추얼 방식의 입체음향 재현 기술에 해당한다.

스피커나 이어폰 제조사, 녹음 스튜디오 등 다른 음향 관련 기업과 달리 음향 알고리즘 회사는 이렇게 다양한 음향 구현 방식을 모두 활용할 수 있어야 한다. 서로 다른 방식으로 만들어지는 소리지만 인코딩과 디코딩, 송출과 재생 방식만 달리하면 모두 연동되기 때문이다.

극장 영화를 방송에 내보내기 위해서 음향 작업을 처음부터 다시 해야 한다면 너무나 불합리한 일일 것이다. 다행히 영화의 음향을 방송 포맷에 맞춰 송출하면 별도의 작업 없이 가정에서 재생이 가능하다.

〈퍼니스트 홈 비디오〉 같은 방송은 누구라도 한 번쯤 봤을 것이다. 생일이나 일상에서의 실수 등 가정에서 겪은 웃긴 영상이 주된 내용인데, 가정용 홈비디오로 촬영해서 방송국에 응모한 것들이다. 이 경우도 가정용과 방송용 동영상이 연동되기 때문에 시청자들의 가정에서 재생될 수 있었다.

결국 중요한 건 사운드의 통합이다. 모든 기술이 통합되고 융합과 복합되는 4차 산업혁명의 시기에 독불장군은 설 자리가 줄어들 수밖에 없다. DTS와 오로사운드는 모두 뛰어난 음향 기술을 지닌 회사들이지만 미래를 낙관하긴 어렵다. 영화를 제작할 때에는 가정 시장에 공급하는 방안에 대해서도 고민하지 않을 수 없는데 방송표준에서 떨어져나간 기술을 마냥 우호적으로 바라볼 순 없기 때문이다.

또한 소닉티어는 VR 시장에 대한 솔루션도 보유하고 있다. 가정에서 즐기는 완전한 입체영상의 즐거움은, 한번 매료되면 빠져나오기 힘든 것이다. 그러나 VR은 콘텐츠의 양이 많지 않아서 아직까진 대중화되지 못했다. 해결해야 할 과제들도 아직 많다.

그 가운데 하나가 입체음향이다. VR을 착용하면 고개를 돌리는 방향의 영상을 모두 확인할 수 있다. 그런데 VR 본체가 착용자의 머리와 함께 움직이면서 소리의 방향을 잡기가 어려웠다.

뒤에서 자동차가 돌진하는 소리를 듣고 놀라서 고개를 돌렸더니 엔진 배기음까지 180도 뒤쪽으로 이동해버리는 식의 문제가 남아 있었다. 어떤 기업은 멀티채널 스피커를 설치한 체험 공간을 만들어놓기도 했다. VR 외부로 소리를 빼버리는 건 가장 간단한 해결책이다. 하지만 이는 도시락을 꼭 식탁에서 먹으라거나 침낭을 침대에 펼쳐놓은 것처럼 불합리하다.

개인용 기기인 VR은 거실과 안방, 캠핑장 등 어디에서라도 착용하고 즐길 수 있어야 하는 게 당연한 일이다. 소닉티어는 소리에 주소를 입혀주는 사운드 어드레스(Sound Address) 방식으로 문제를 풀었다. VR 착용자가 어느 방향으로 고개를 돌려도 소리를 지정된 위치에 머무르게 할 수 있는 것이다.

소리의 시장 변화가 동시다발적으로 이루어지고 있다. 우리나라는 소리 시장에 선제적으로 대응할 수 있는 좋은 조건을 지니고 있다. K-POP은 미국과 유럽, 중국과 일본뿐만 아니라 남미와 중동, 러시아에 이르기까지 전 세계에서 뜨거운 바람을 일으켰다. 삼성전자의 휴대폰은 애플을 제치고 세계 판매 1위에 오르는 등 기염을 토했다. 2016년에는 세계 최대의 전장 및 오디오 기업인 하만을 9조가 넘는 금액에 인수하며 소리 부문 강화의 의지를 표명하기도 했다. LG전자의 디스플레이 기술은 세계 시장을 석권했다. 휴대폰 시장에서 LG전자는 고품질 DAC(Digital to Analog

Converter)의 내장으로 오디오 성능을 대폭 차별화한 디바이스를 출시해서 호평을 받기도 했다. 여기에 더해서 소닉티어는 돌비연구소의 아성에 도전하는 소리의 저작 기술을 내놓았다. 하나하나 대단한 기업들이다. 그런데 하나하나가 아니라 이들이 시너지를 낼 경우 그 영향력은 세계를 흔들고도 남을 것이다.

소리혁명의 출발은 미디어업계에서 일어날 것이다. 극장과 방송, 개인 미디어는 서로 다른 시장이며, 서로 다른 기술로 소리를 만든다. 하지만 그 소리는 상호 통용될 때 진짜 힘을 발휘한다. 지난 5.1채널의 디지털 사운드는 극장에서 시작되었다.

21세기의 소리혁명은 극장과 가정 양쪽에서 동시다발적으로 진행될 것이다. 극장에서는 할리우드 시장을 선점한 돌비연구소가 도전자를 맞이하는 입장이다. 그런데 돌비연구소는 뛰어나지만 복잡한 기술을 들고 나왔다. 극장에서 소리를 만들어내도록 약속된 공간은 스크린이다. 관객의 전면에서 소리의 원인을 눈으로 제시해주는 것이다. 돌비연구소는 스크린의 방향보다 극장 공간을 강조하는 기술을 내놓았는데, 관객 입장에선 스크린 방향의 사운드에 좀 더 집중한 소닉티어의 기술과 비교해서 어디에 더 높은 평가를 내릴지 미지수다. 극장용 음향엔지니어의 입장에서 메타데이터 기술이 너무 복잡하다는 사실도 돌비연구소가 해결해야 할 과제다.

소닉티어의 멀티채널 시스템은 매우 직관적이기 때문에 음향 엔지니어들이 쉽게 적응할 수 있다. 2017년까지 우리나라에서 제작된 극장용 영화 가운데 소닉티어의 기술을 채택한 작품이 57편, 돌비연구소의 기술을 사용한 작품이 한손에 꼽을 정도라는 사실은 제작 편의성의 차이를 잘 보여준다.

도전자인 소닉티어는 개인 미디어 전용 애플리케이션으로 돌비연구소와 차별화된 전략을 구사한다. 극장에서 가정용 시장으로 이어지는 톱다운 전략과 개인 미디어에서 방송으로 연결되는 보텀업 전략을 함께 펼치는 것이다.

톱다운 전략은 반드시 필요하다. 그러나 보텀업 전략은 다른 의미에서 절대적으로 중요하다. 보텀업 전략의 전술이 애플리케이션일 때는 더욱 그러하다.

우선 애플리케이션은 시장 진입을 위한 첨병이다. 시장의 반응을 알아보기 위한 선두이며 길잡이다. 일단 길이 보이면 애플리케이션은 본연의 실력을 발휘한다. 주류 시장으로 이끌고 생태계를 변화시키는 촉매 역할을 한다. 애플리케이션을 접하는 상대편 시장 소비자에게는 미래의 시장을 예측하고 최적화된 소비 행태를 결정하게 도와주는 시그널 역할을 하게 된다.

또 다른 의미는 애플리케이션과 콘텐츠의 관계이다. 콘텐츠에 관해 다시 생각해보자. 톱다운 전략에서의 고급화되고 고도로 정제된 콘텐츠만이 진정한 콘텐츠인가? 수요자는 무시되고 공급자

일변화된 콘텐츠만이 진정한 콘텐츠인가?

뛰어난 능력의 콘텐츠 공급자라고 해도 많은 수요자들의 니즈를 톺다운 콘텐츠에 모두 담아내는 건 불가능하다. 애플리케이션은 보텀업 환경에서 수많은 수요자들에게 의미 있는 콘텐츠를 공급하고 동시에 소비할 수 있는 기회를 제공해준다. 애플리케이션을 통한다면 우리는 더 이상 일방적인 콘텐츠 수요자가 아니다. 우리가 친구에게 연인에게 부모님께 쓴 손 편지도 아주 의미 있는 콘텐츠이다. 우리는 적극적으로 콘텐츠를 제작하고 그것을 나의 사랑하는 지인들과 공유하고 즐기고 행복을 느낄 것이다.

미디어를 통해 사람을 감동시키는 건 내용물, 즉 콘텐츠다. 우리는 스마트폰의 애플리케이션을 통해서, 그리고 개인 PC를 통해서 더 많은 사람들과 공유할 수많은 콘텐츠를 생산하고 또한 소비할 것이다.

결국 콘텐츠가 그 어떤 무엇보다 중요한 것이다. 이토록 중요한 콘텐츠를 만들어내는 건 사람이다. 따라서 지금 우리에게 가장 필요한 건 콘텐츠 제작 기술을 활용할 수 있는 사람의 수급, 즉 교육이다.

MCN산업이
무섭게 성장하는 이유

스마트폰의 성능이 방송에 적합할 만큼 발전했다. 여기에 더해서 무선 4G(LTE) 기술의 보급으로 대용량 고품질 스트리밍 서비스가 보편화되면서 개인 미디어가 빠르게 발전하고 있다.

개인 미디어 제작자 가운데 상당수는 개인용 방송 서버를 여는 대신 유튜브나 아프리카TV와 같은 방송용 포맷에 채널을 개설해서 활동을 벌인다. 자연스레 양질의 개인 미디어 채널을 다수 보유한 기업은 강력한 미디어 파워를 지니게 되었다. 다양한 채널의 개인 미디어(그리고 소규모 미디어 제작 시스템)를 보유하고 송출하는 새로운 미디어 기업을 MCN(Multi-Channel Network, 다중채널 네트워크)이라고 부르는데, 최근에는 'MCN산업'이라는 용어까지 등장했다.

2016년 기준으로 우리나라의 MCN 시장 규모는 2,000~3,000억 원에 이른다. 아직은 하나의 산업으로 분류하기에는 규모가 미약하다는 주장도 있긴 하지만, MCN 시장이 매년 큰 폭으로 성장하고 있으며, 해외의 주요 메이저 미디어들이 MCN 투자금을 확대해가는 추세를 잘 살펴봐야 한다.

2013년 5월, 드림웍스 애니메이션은 1,500만 달러에 AwesomenessTV를 인수했고, 2014년 3월에는 월트 디즈니가 미국 최대 규모의 MCN인 메이커스튜디오를 5억 달러에 인수했다. 워너브라더스도 머시니마에 1,800만 달러를 투자하면서 할리우드 메이저들은 활발하게 차세대 개인 미디어 시장에 발을 뻗고 있다.

유럽의 상황도 다르지 않다. 독일 최대의 상업 TV 네트워크를 거느린 RTL 그룹은 2014년 11월에 1억70만 달러를 들여 미국의 스타일하울을, 역시 독일 기반의 유럽 매스 미디어 그룹인 프로지벤자트아인스 미디어도 2015년 7월에 콜렉티브 디지털 스튜디오를 8천3백만 달러에 인수했다.

초국적 미디어 그룹들이 MCN의 인수합병에 적극적으로 나서는 이유는 전통적인 TV 미디어만으론 젊은 층을 공략하기가 점점 어려워지기 때문이다. 모바일 시대의 젊은이들은 TV방송도 각자 편한 시간에 유튜브 등의 MCN을 통해서 소비하는 걸 선호하고 있다. 시청 패턴이 바뀌므로 동영상의 성격도 달라진다. 긴 호흡으로 촘촘하게 구성한 이야기보다는 짧게 치고 빠지는 연재물이 인기를 끌기 시작했다. 새로운 미디어가 전통적인 스토리 플롯까지 변화시키는 것이다.

광고 역시 MCN 시장으로 방향을 돌리고 있다. 전통적인 미디어 시장에서는 높은 광고비를 지불해야 하는 반면 광고 효과를 자세하게 측정할 수 없었다. 이와 달리 MCN 시장에서는 필요한 광고 소비자를 선별해서 공략할 수 있을 뿐더러 광고 도달률을 즉각적으로 정확하게 파악할 수 있다. 또한 개인 미디어에서 오리지널 콘텐츠를 제작하도록 지원하는 네이티브 광고로 광고 소비자의 거부감을 낮추는 것도 가능하다. 삼성 레벨U의 72초 TV 광고가 대표 사례다. 시청자와 광고주가 모두 새로운 미디어에 시선을 집중하는 추세는 점점 더 가속화될 전망이다.

새로운 미디어와 전통의 미디어 사이에서 콘텐츠와 인적 리소스의 이동 및 교류도 이루어지기 시작했다. 루커스 크루이크생크는 2009년에 이미 100만 명의 시청자를 확보한 유튜브 스타였다. 미국의 케이블 채널인 니켈오디온은 루커스를 캐스팅해서 영화 〈프레드〉를 3편까지 제작했다. 타임워너는 MCN에서 제작한 애니메이션 〈The Annoying Orange〉를 구매해서 카툰 네트워크 채널로 방송했다. AwesomenessTV는 세계 최대의 유료 스트리밍 서비스인 넷플릭스에 코미디쇼 〈리치 리치〉를 제공했다. 이상의 사례들은 MCN의 스타나 콘텐츠가 메이저 방송으로 진출하는 모습을 잘 보여준다.

이렇게 뉴 미디어와 올드 미디어의 유기적인 연결은 아주 다양한 경우의 수를 만들면서 소비자의 선택권을 높여주는 한편, 콘텐츠 제작자에게도 새로운 수익 모델을 제공해주고 있다. MCN은 케이블 네트워크와 같은 전통 미디어뿐만 아니라 버라이즌 등의 통신사나 구글플레이와 같은 애플리케이션 시장, 엑스박스 등의 하드웨어와도 계약을 체결했다. 미디어와 비非미디어의 경계는 허물어지고 있다. 경쟁력은 미디어 포맷이 아니라 콘텐츠의 질이 결정하게 된 것이다.

세계에서 가장 큰 동영상 유통망은 유튜브다. 서강대학교의 최형우 교수는 글로벌 플랫폼인 유튜브에 업로드되는 상위 100개 콘텐츠의 제작자를 분석했다. 전 세계의 유튜브에서는 22%가 MCN사업자에 의해 제작되었고, 우리나라에서는 30%가 MCN사업자에 의해 제작되었다. 우리나라의 MCN은 적극적인 기술과 시장의 역동성에 힘입어 기지개를 켜고 있다. 국내 유튜브의 콘텐츠를 분류해서 비교한 결과에 따르면, 지상파 방송국이 101개, 연예기획사가 85개의 콘텐츠를 업로드했다. 가장 많은 비율인 413개의 콘텐츠는 MCN사업자에 의해서 제작된 것이었다.

영어나 중국어권 MCN의 막대한 네트워킹에 비하면 시장 규모의 한계를 느낄 수밖에 없다. 그러나 구글 등 인터넷 포털들이 사실상 번역을 기본 서비스로 제공하고 성장해가는 추세이므로 언어의 장벽은 시간이 해결할 문제일 수도 있다.

[1인 미디어를 제공하는 동영상 공유 서비스]

유튜브	세계 최대 규모의 UGC(User Generated Contents) 및 온라인 동영상 서비스 2005년 2월 서비스 개시 2006년 11월 구글이 인수(16억 5천만 달러) 2007년 광고 수익을 공유하는 '파트너 프로그램' 도입 1인 미디어 제작자의 수익 모델 = 시청 횟수에 따른 광고료 분배
아프리카TV	2006년 3월 서비스 개시 인터넷 개인 방송 서비스 + 스포츠와 게임 등 실시간 중계 BJ(Broadcasting Jockey) 방송에 50~1,100명 접속 가능 2014년 기준 일일 접속자 330만 명 이상 시청자가 BJ에게 별풍선 선물 가능 1인 미디어 제작자의 수익 모델 = 별풍선 현금화
Viemo	2004년 11월 설립된 동영상 공유 서비스 2007년 업계 최초 HD 동영상 공유 시작 2008년 무제한 채널 및 동영상 용량 제공 2011년 전문 미디어의 유입 위한 프로 계정 도입 2013년 12월 1억 명의 방문자 기록
Ustream	2007년 3월 오픈한 개인 방송 서비스 이용자 8천만 명 이상 보유 광고 기반 무료 서비스
LiveStream	2007년 오픈, 2009년 채널 개념 도입 트위터와 페이스북 등 SNS 연동 가능 실시간 스트리밍 개인 방송 플랫폼. 광고 기반 무료 서비스
판도라TV	1999년 UGC 서비스로 개시 채널 기반의 개인 방송국 운영 가능 2011년 현대HCN과 합작해 '에브리온TV' 출범

아직까지 우리나라 MCN 시장의 주요 소비자는 10대가 주를 이룬다. 하지만 이들은 곧 20대가 될 것이고, 소비자의 연령대는 자연스레 높아지면서 시장 규모도 계속 성장할 것이다.

개인 미디어와 MCN은 내용과 형식이다. 개인 미디어의 양적인 팽창은 MCN의 질적인 성장으로 이어진다. 많은 이들이 MCN을 4차 산업혁명을 이끄는 핵심 동력의 하나로 바라보고 있다. 우리나라는 MCN 성장에 유리한 여러 장점들을 보유하고 있다. 세계 최고의 스마트폰 보급률이나 이에 따른 영상과 음향 기술의 확보, 언제 어디서나 인터넷에 연결할 수 있는 통신 인프라, 10년 넘게 이어져온 미디어 파워 등이다.

하지만 산업이 산업으로 자리 잡기 위해서는 타당한 수익모델에 기초한 산업 생태계가 먼저 조성되어야 한다. 이를 위해서는 MCN산업과 관련 있는 대기업들이 선도 사업자로 올바른 역할을 해야 하고, MCN사업자들끼리 활발하게 교류하면서 질적으로 성장할 수 있는 환경도 조성해야 한다. MCN사업자와 콘텐츠 제작자 사이의 합리적인 수익 분배 시스템도 갖춰야 한다. 그리고 무엇보다, 더 많은 MCN사업이 활발하게 벌어지도록 정부가 스타트업을 지원하는 한편 뛰어난 콘텐츠를 제작할 인재 양성 사업을 벌여야 한다. MCN산업에서도 결국 답은 사람에 있다.

소리가 시장을 만들고
교육이 일자리를 만든다

미디어 시장이 확장되고 개인 미디어와 MCN이 확대되고 있다. 그렇다면 우리는 다양한 미래 산업에 소리산업이라는 새로운 선택지 하나를 추가하게 된 것일까? 그렇지 않다. 오히려 그 이상이다.

현재 우리가 처한 상황은 그리 녹록치 않다. 전통적인 산업 구조가 붕괴되고 있기 때문이다. 산업혁명은 언제나 기존의 사회 시스템을 붕괴시키는 데에서 출발했다. 4차 산업혁명도 마찬가지다. 인공지능 등 신기술이 계속 등장하면서 기존의 정형화된 노동시장에 위기가 찾아오고 있다. 우리는 노동시장의 위기를 극복하여야 하는 과제에 당면해 있고 그 해답은 결국 일자리 창출에 있다.

첫 번째, '사람'에 대한 고민

일자리 창출의 해답을 찾기 위해서 우선 '사람'에 대한 고민을 해보자. 4차 산업혁명의 신기술이 사람 밖에서 다가오는 위기의 원인이라면, 인구구조의 변화는 내적인 위기의 진원지라고 할 수 있다. 지금도 저출산·고령화의 문제는 뉴스의 헤드라인을 종종 차지하고 있다. 생산성이 뛰어난 15세에서 49세 사이를 핵심생산가능인구라고 하는데, 통계청은 2020년부터 대한민국의 핵심생산가능인구가 매년 30만 명씩 감소할 것으로 추정하고 있다. 고령자의 숙련 기술을 이어받을 젊은 층이 부족해지면 노동시장의 전문성은 떨어질 수밖에 없다. 이는 다시 국가 경쟁력의 하락으로 이어진다. 인구구조의 변화로 인한 국가경쟁력의 하락은 단지 대한민국뿐만이 아닌 세계적으로 공통된 문제이다.

업무 방식의 변화도 주목해야 할 점이다. 한때는 '직장'이란 단어 앞에 '평생'이라는 단어가 의례히 연결되곤 했다. 그러나 이제 평생직장은 지난 세기의 전설 같은 용어가 되어버렸다. 과거에는 직장에 얽매이지 않고 요구가 있을 때에만 특정 업무를 수행하던 이들을 프리랜서라고 불렀다. 세상의 대부분은 크고 작은 직장들이 차지했고, 프리랜서들은 세계의 변방을 떠도는 소수자였다. 하지만 디지털 시대에는 훨씬 더 많은 사람들이 프리랜서처럼 이합집산을 반복하며, 때로는 유사기업을 만들었다 해체하며 일을 하게 된다.

지금까지 살펴본 사람에 관한 환경의 변화는 크게 세 가지로 정리할 수 있다. 4차 산업혁명에 의한 기술 노동 대체 가능성 대

두, 저출산·고령화에 따른 노동 인구의 특성 변화, 디지털 시대의 노동 이동성 증가가 그것이다. 배경을 제대로 이해하면 우리가 대응해야 할 올바른 방향을 찾을 수 있다.

이제 '사람'이 기술에 대체되기보다는 기술을 선제적으로 지배하고 활용할 수 있어야 하고, 다수의 젊은 노동력을 집중시키는 일보다는 높은 부가가치를 고민해야 하며, 디지털 유목민이 되어 공간에 얽매이지 않는 일을 찾아내야 한다.

두 번째, '산업'과 '선택'의 문제

일자리 창출의 해답을 찾기 위한 또 하나의 고민은 '산업'이다. 과연 어떤 산업에서 일자리를 창출하여야 하는가? 전통적인 산업이 붕괴되고 4차 산업이라는 새로운 산업이 전통 산업을 대체할 것이라는 사실은 누구나 인지하고 있다. 그렇다고 4차 산업에 무작정 투자한다고 일자리가 창출되지는 않는다. 전략적 선택 없는 투자는 투자 대비 일자리 창출 효과는 고사하고 오히려 '사람'이 기술에 대체되어 생각하고 싶지 않은 역효과가 나타날지도 모른다.

여기서 '교육'이라는 전략적 선택을 고민해본다. 교육은 투자 대비 가성비가 좋은 독특하고 경쟁적이며 매혹적인 단어이다. 대한민국은 지금까지 교육 투자로 꽤 괄목할 만한 결과를 얻어낸 나라이기도 하다. 그러나 전통적인 그리고 잘못된 교육은 오히려 고학력의 젊은이들을 양성하는 비참한 결과를 이끌어낸다. 그래서 우리는 한번 집고 넘어가야 한다. 우리가 단순히 젊은이들을 교육시킨다고 그들이 일자리를 갖게 될 수 있는가? 교육을 넘치게 많이 받은 고학력 실업자를 더 많이 배출하는 비극의 흐름을 가속시키는 결과는 아닌가?

이 시점에서 우리는 앞에 논의한 '산업'을 반드시 고민해야 한다. 만약, 모든 경제 주체들이 잠재적 산업을 눈치채고 있다면. 그 잠재적 산업의 시장은 반드시 블루오션일 필요는 없다. 경쟁이 심각한 레드오션이어도 상관은 없다. 그 잠재적 미성숙한 시장이 급격히 팽창하고 폭발할 것이라고 모든 경제적 주체들이 합리적으로 기대하고 있다면. 그렇다면 이야기는 달라진다. 합리적 기대를 갖는 정부, 지방자치단체, 민간기업, 투자자 등 모든 경제 주체들은 미성숙한 시장에 서로 약속한 듯 일제히 뛰어들 것이고 가속되는 경쟁에 살아남기 위한 선택으로 투자를 아끼지 않을 것이다. 그 곳에 일자리가 있다.

AI, IoT, 자율주행차, VR/AR, 블록체인, 빅데이터 등 4차 산업은 제각각 발전하여 그들의 산업을 팽창시킬 것이고 4차 산업이 발전하면 할수록 일자리는 더 많이 창출될 것이다.

우리는 4차 산업 모든 분야에 투자를 하여 일자리를 창출할 것인가? 역시 전략적 선택이 필요하다. 4차 산업에 전 방위적으로 영향을 미치고 있는 분야는 미디어이며 미디어의 킬링 포인트는 영상을 넘어 다름 아닌 '소리'이다. 4차 산업이 제각기 발전할수록 미디어는 더욱 강력하게 각 산업에 영향을 미칠 것이고 '실감음향'의 필요성은 더욱 더 커질 것이다. 이로서 많은 소리 관련 직업들이 생겨나고 일자리가 생겨난다. 우리는 여기에 전략적인 초점을 맞추어야 한다.

세 번째, '교육'이 해야 할 일

대한민국은 음향 알고리즘을 보유한 세계 단 두 개의 국가 중 하나이고 이제 음향 교육을 실행할 수 있는 고귀한 자격을 가지게 되었다. 더욱이 대한민국은 UHD 세계 표준인 12채널 음향 저작 도구를 PC화하는 데 성공하였다. 이로써 음향을 편집 저작하는 데 더 이상 값비싼 음향스튜디오에 갈 필요 없이 사무실이나 가정에서 PC만으로 음향을 저작할 수 있는 시대가 되었다. 또한 스튜디오에서 1대1 OJT 교육이 아닌 1대 다수가 교실에서 PC로 교육받을 수 있는 환경도 조성되었다.

이는 과거 25년 전 문서의 제작은 인쇄소에서만 가능하였던 시절에 마이크로소프트가 워드프로세서라는 문서 저작 도구를 PC화하는데 성공함으로써 전 세계적으로 문서 저작을 PC로 교육한 것과 비견되는 놀라운 사건이다. 그 당시에 대기업을 비롯한 각 기업체들은 발 빠르게 마케팅 부서를 신설하여 문서 제작을 하기 위한 준비를 하였고 워드프로세서 문서 저작 도구 교육을 이수하고 자격증을 소유한 젊은이들을 대거 채용하기 시작하였다.

　영상 저작 편집은 이미 PC화가 된 상태이다. 그러나 음향은 북미가 주도권을 잡고 있었고 여전히 스튜디오에서만 저작 편집이 가능했으므로 그 실효성이 없었다. 그러나 이제는 다르다. 대한민국은 UHD 세계표준 12채널 저작 도구를 PC화하는 데 성공하였고 PC 하나만으로 콘텐츠의 영상과 음향 편집을 동시에 할 수 있는 나라가 되었다.

　4차 산업에 뛰어든 대기업을 포함한 각 경제 주체들은 미디어 부서를 앞다투어 신설하여 회사와 자기의 제품들을 더 이상 문서가 아닌 동영상 미디어로 실감나게 표현하고 알릴 것이다. 여기에 일자리가 자연스럽게 생겨난다.

　각 나라는 결국 UHD를 도입할 것이다. 이는 국가 과제이다. 즉, UHD 성공 여부는 국가 과제의 성공 여부라 할 수 있다. UHD 실현을 영상과 음향 그리고 저작과 재생 각 측면에서 생각해보자. 영상과 음향의 재생은 삼성과 LG 등이 UHD TV와 사운드바를 만들고 소비자들이 사용하면 그것으로 가능하다. 영상 저작은 2K 카메라를 4K 카메라로 바꾸면 될 일이다.

　이상의 것들은 돈과 정책으로 얼마든지 성공할 수 있다. 그러나 음향의 저작은 이야기가 다르다. 누가 12채널로 음향을 저작할 것인가? 돈과 정책 또는 기계의 대체만으로는 불가능하다. 12채널 음향 저작을 할 수 있는 인력이 필요하고 그들을 교육시켜야 한다. 그래야 비로소 UHD는 성공하게 된다.

대한민국은 UHD 방송 시스템을 번들로 기획하여 이를 전 세계 각 방송사에 기획 판매할 수 있다. 각 나라의 방송국들은 국가적 과제 성공을 위하여 막대한 돈도 지불할 의사가 있을 것이다. 여기서 우리는 12채널 음향 저작 인력들을 수출할 수 있게 된다. 이는 과거 대한민국이 독일에 광부를 파견하고 사우디아라비아를 비롯한 중동에 인력을 수출한 것에 비할 일이 아니다. 한 나라의 UHD 성공 여부가 우리가 교육시킨 대한민국 젊은이들의 손에 달리게 되는 일이다.

4차 산업과 소리, 그리고 새로운 일자리

4차 산업은 각 분야별로 발전할 것이고 거기에 일자리가 있다. 우선, 가장 기본적인 교육은 UHD 방송 표준 12채널 음향 저작을 기본으로 교육시켜야 한다. 음향 알고리즘은 영화나 방송 그리고 각 산업에서의 쓰임이 크게 다르지 않기 때문이다. 이들은 각 방송국이나 기업체, 정부, 지역 단체뿐 아니라, AI, IoT, 자율주행차, VR/AR, 블록체인, 빅데이터 등 각 분야에서 4차 산업이 발전하는 형태로 각 산업에서 응용되어 전문직으로 자신의 일을 수행하게 된다.

다채널 음향 교육을 받은 젊은이들의 활용도는 무궁무진하다. 유튜브, 페이스북으로 대변되는 플랫폼 사업자, SK, LG, KT,

AT&T 등의 통신사, 전 세계 IPTV 사업자, 넷플릭스, 왓차 등 OTT 사업자, 삼성, LG, 샤오미, 화웨이, 오포 등의 핸드폰 제조사, ANDROID, IOS, WINDOW, MAC 등의 운영체계 사업자, 각종 게임 제작사, 각종 VR/AR 제작사, 각종 모바일 동영상 광고회사, 음원 제작자, 음원스트리밍 사업자 등 일일이 열거하기 힘들 정도로 그 쓰임은 엄청나다.

문서 저작 도구의 PC 상용화 이후 전 산업 전 방위적으로 워드프로세서, 엑셀 등 문서 저작 도구를 사용하지 않은 곳이 없다는 것을 우리는 잘 알고 있다. PC 상용화된 영상 음향 저작 도구가 향후 4차 산업 전방에 어떻게 사용될 것인지는 쉽게 예측될 수 있다. 스마트폰과 같은 모바일 디바이스의 보급률을 생각해보면 새로운 소리산업 시장은 과거의 어떤 사례와도 비교하기 힘들 만큼 거대한 규모가 될 것이다. 거기에 4차 산업 각 전반이 가세되었다. 어마어마한 시장 규모이다.

다음 카테고리로 16채널 및 32채널 고급 과정 교육이다. UHD 방송보다 높은 수준의 음향 저작 도구인 16채널 및 32채널을 교육받은 젊은이들은 보다 높은 수준인 콘텐츠 업계의 다양한 분야에서 자신의 일을 찾게 된다. 이를테면 영화 믹싱, 극장음향 담당, 다큐멘터리 등 고급 방송용 콘텐츠 음향 제작자, 방송용 콘텐츠 전문 스튜디오 사업 등 수도 없이 많다.

새로운 인재를 새로운 시장에 전략적인 교육 정책으로 접목시켜야 한다. 성공적인 일자리 창출을 도출함에 필수 요건이라 할 수 있다. 즉 '사람'과 '산업' 그리고 '교육' 세 가지 분석이 반드시 필요하다. 그러나 교육 정책을 입안하는 정부는 쉽게 간과하지 말아야 할 것이 있다. 그것은 교육 기회의 평등이다.

변화하는 시장과 배우려는 학생은 어디나 존재한다. 그리고 그 둘을 정책적으로 연결하는 경제 주체는 다수의 학교와 학원 등 교육기관도 훌륭히 해낼 수 있을 것이다. 그러나 교육 기회의 평등은 정부만이 할 수 있는 일이다.

영상과 음향 미디어를 배우기 위해서 적지 않은 등록금과 학원비를 감당할 수 있는 젊은이들도 물론 있을 것이다. 그러나 그들은 상대적으로 그렇지 못한 젊은이들에 비해서 일자리를 찾을 가능성 역시 상대적으로 많을 것이다. 교육비를 감당하지 못하는 젊은이들에게도 똑같은 교육의 기회를 제공하여 시장에서 일자리를 찾을 기회를 동등하게 부여하는 일은 정부나 지방자치단체만이 할 수 있는 일이다. 민간 경제 주체가 할 수 없는 일을 반드시 해내는 것. 그것을 정부나 지방자치단체가 간과하지 말았으면 한다.

소리산업은 영화와 방송에서 끝나지 않는다. 앞서 우리는 돌비 시스템과 DTS가 전 세계 미디어 시장에서 어떻게 영향력을 키워왔는지 확인했다. 그런데 이제 미디어 시장을 통째로 뒤집을 수 있는 기회가 왔고, 그 칼자루를 대한민국이 쥐고 있다. 영화에서의 음향 경쟁력은 새로운 소리 전쟁의 정찰병이자 선발대 역할을 수행할 것이다. 그리고 그 결과는 세계의 미디어 시장이라는 초대형 전장에 상당한 영향을 끼칠 게 분명하다.

우리나라의 UHD 방송 음향 표준은 MPEG의 12채널 MPEG-H3D오디오 방식을 따른다. 이제 전 세계의 가전 시장에서는 12채널의 음향을 지원하는 TV와 셋톱박스, 사운드바가 쏟아질 것이다.

세계 미디어 시장의 소리가 변하고 있다. 그 변화를 주도할 것인가 아니면 변화를 뒤쫓을 것인가 하는 갈림길 앞에 우리는 섰다. 변화는 누구에게나 낯설다. 새로운 소리는 전 세계 어느 나라에서도 신기술이다. 다행스럽게도 새로운 소리의 알고리즘 가운데 가장 주목받는 기술의 원천 국가가 바로 대한민국이다.

만약 우리가 새로운 소리를 어떻게 만들어서 영화와 방송, 개인용 모바일 디바이스에 적용할지 적극적으로 고민하고, 그 결과물로 우수한 콘텐츠를 생산한다면, 한 단계 강화된 한류는 다시 대한민국의 미디어와 전자산업을 강화하는 선순환 구조를 만들 것이다. 그러므로 세계 어느 나라보다 먼저 소리혁명에 적극적으로 나설 필요가 있다.

4차 산업혁명은 우리에게 새로운 시장이자 도약의 계기가 된다. 영상 분야에선 카메라가 2K에서 4K로, TV는 UHD 디스플레이로 교체되고, IPTV 운영사는 무료 배포하는 사운드바로 소비자를 유혹할 것이다. 세계 각 국가는 UHD 정책적 지원을 아끼지 않을 것이고 UHD 인프라의 구축과 세계적 확대는 반드시 이루어질 것이다.

이 과정에서 UHD 새로운 소리는 4차 산업 전반에 반드시 필요한 전제가 된다. 여기서 상상을 초월하는 일자리가 생겨난다. 우리는 UHD 음향 교육으로 다져진 젊은이들이 폭발적으로 팽창하는 4차 산업에 뛰어들 수 있게 하여야 한다. 새로운 소리 교육이 일자리를 만드는 이유가 바로 여기에 있는 것이다.

모든 길은
4차 산업혁명으로 통한다

산업혁명은 생산양식뿐만 아니라 삶의 형태도 바꾸면서 진행되어 왔다. 변화의 폭이 워낙 크기 때문에 '혁명'이라는 급진적 어휘가 사용되었다. 그래도 지금까지의 산업혁명들은 여러 변화를 관통하는 핵심적 특징이 존재했다.

1차 산업혁명을 통해 인류는 대량생산의 산업화 시대에 진입했다. 변화의 핵심은 증기기관이었다. 2차 산업혁명의 키워드는 전기였고, 3차 산업혁명에서는 정보통신 기술을 빼고 이야기를 전개할 수 없다. 4차 산업혁명에서도 키워드는 정보통신 기술이다. 하지만 3차 산업혁명에서의 정보통신 기술은 정보 또는 통신 분야를 통해서만 표출된 데 반해, 4차 산업혁명의 정보통신 기술은 훨씬 고도화해서 직접적으로 눈에 드러나지 않는다.

'○○텔레콤' 등의 정보통신기업을 통해 전개된 3차 산업혁명의 정보통신 기술과 달리, 앞으로는 그 기술이 'ㅇㅇ금융'이나 'ㅇㅇ자동차', 'ㅇㅇ컨설팅'처럼 아주 다양한 분야에서 활용될 것이란 이야기다. 그래서 4차 산업혁명이 진행 중인 미래사회를 정보통신기술에 의한 '연결사회'가 아닌 '초연결사회'라고 부르는 건 같은 이유다. '초연결'의 특성을 한마디로 잘라 말하긴 어렵다. 4차 산업혁명에 대한 이야기는 AI(인공지능), IoT(사물인터넷), 빅데이터, VR/AR(가상현실/증강현실), 블록체인, 자율주행자동차와 같은 부문별 키워드로 시작되곤 한다.

인공지능(AI)과 새로운 소리

가장 먼저 살펴볼 키워드는 인공지능이다. 인공지능이 우리 곁에 얼마나 가까이 다가왔는지 알게 해준 건 3Go였다.

첫 번째 Go는 이세돌 9단을 꺾은 알파고다. 바둑은 컴퓨터가 도전할 수 없는 '절대 인간영역'이라는 믿음이 2016년 3월의 대국으로 깨졌다. 전설과 같은 이세돌 9단에 이어 현역 최강이라는 중국의 커제 9단까지 알파고에 패배하면서 가까운 미래사회에서 인공지능이 중요한 역할을 하리라는 건 분명해졌다.

두 번째 Go는 포켓몬Go다. 이 게임은 2016년 7월 출시된 이후 6개월 만에 9억 달러가 넘는 매출을 올리며 세계를 뒤흔들었다. 2017년에는 우리나라에서도 출시되어 화제를 모았는데, 증강현실과도 연결이 된다.

세 번째 Go는 아마존Go다. 식료품 매장인 아마존Go는 2016년부터 아마존 직원을 대상으로 시험 운영되다가 올해부터 일반인에게도 공개되었다. 무인 매장인 아마존Go에는 계산대가 없다. 그 대신 천장의 카메라와 센서들이 고객 휴대폰의 앱을 인식하고, 연동시켜놓은 신용카드로 결제 처리한다. 소비자가 제품을 들어 올린 이유가 살펴보려는 것인지 구매하려는 것인지는 인공지능이 판단한다. 아마존Go는 매장 직원의 수를 10분의 1로 줄이고, 계산대 앞에 줄을 서는 쇼핑의 풍경을 바꿔버릴 수 있다.

인공지능과 소리 사이에 어떤 연결고리가 있을까? 인공지능이란 무엇인지 먼저 생각해보자. 인공지능이란 프로그래머가 입력한 내용에 따라 작동하는 기계가 아니다. 학습을 통해 직접 답을 낼 수 있어야 인공지능이다. 그런데 학습은 교재 없이 이루어지기 힘들다. 인공지능도 마찬가지다. 아무리 좋은 프로그램도 무에서 유를 창출할 수는 없다. 미리 입력해놓은 정보들을 분석해서 답안 도출 능력을 키우는 과정이 학습이다.

그러니까 인공지능이 존재하기 위해선 정보의 입력이 선행되어야만 한다. 정보는 텍스트나 음성, 이미지 등 다양한 형태로 구성된다. 알파고도 마찬가지다. 구글은 알파고에게 바둑을 가르쳐주지 않았다. 어떤 상황에서 어떤 수를 둬야 하는지 알려주는 대신 3,000만 개의 기보를 입력했다. 알파고는 스스로 기보들을 학습해서 어떤 수를 둬야 하는지 직접 판단했다. 기보는 수직으로 교차

하는 수많은 직선들(바둑판) 위에 희고 검은 점(바둑알)으로 구성 된다. 점 위에는 착점 순서를 나타내는 숫자가 박혀 있다. 기보는 '이미지'처럼 보이지만, 점 위의 숫자들 때문에 시간의 흐름을 포함한 이야기나 마찬가지다.

중요한 건 이야기다. 우리가 인공지능에게 요구하는 것은 모두 이야기들이다. 인간은 알파고에게 바둑으로 겨뤄보자고 이야기했고, 아마존Go에게는 상품 가격을 결제해달라고 이야기한 것이다. 그러니까 인공지능은 데이터의 입출력이나 작동을 위해서 요구자(인간)의 언어를 이해해야만 한다. 인간의 언어는 크게 두 가지 방식으로 구성된다. 말(구술언어)과 글(활자언어)이다. (제스처 등의 동작언어도 있지만 말과 글만큼 활용도가 높진 않다.)

인공지능도 말과 글의 두 가지 방식으로 발전하는 중이다. 아직까지는 챗봇(채팅과 로봇의 합성어) 위주의 텍스트 기반이 대부분이다. 하지만 가까운 미래에는 법률이나 의료 등 제한된 분야부터 서비스가 확대될 예정이다. 이유는 간단하다. 인간과 인공지능 사이의 의사소통에서 텍스트 기반 서비스가 더 쉽기 때문이다. 내용 면에서도 사용되는 단어의 수가 훨씬 적고 질의문답의 예상 경로가 좁기 때문에 전문 분야가 우선적으로 개발되는 것이다. 일상적인 대화를 '스몰 토크'라고 하는데, 스몰토크 분야의 발전 속도도 눈부시다.

매년 미국의 라스베이거스는 연초마다 취재 열기로 뜨겁게 달아오른다. 세계 최대의 가전제품 전시회인 소비자가전쇼(CES)가 개최되기 때문이다. 지난 2017년에는 많은 전문가들이 소비자가전쇼의 승자로 아마존을 꼽았다. TV와 냉난방기기, 컴퓨터, 스마트플러그, 조명장치 등 쇼에 등장한 대부분의 가전제품이 아마존의 인공지능 스피커인 알렉사와 연동되었기 때문이다.

우리나라에서도 네이버와 카카오의 인공지능 스피커가 꽤 많이 보급되었다. 인공지능 스피커의 성능이 아직은 매우 높은 수준에까지 올랐다고 이야기하긴 힘들다. 하지만 결국은 시간의 문제일 뿐이다. 기술 발전 속도는 매우 빠르고, 그리 멀지 않은 미래에 사람들은 인공지능에 말로 명령하고, 인공지능의 대답을 들으면서 더욱 편리해진 일상을 영위하게 될 것이다.

사물인터넷(IoT)과 새로운 소리

인공지능이 사람에게 있어 '뇌'와 같은 기능을 한다면 사물인터넷은 '손과 발'의 기능을 한다. 사람은 뇌로 사고해서, 손발로 움직인다. 미래사회도 다르지 않다. 인공지능의 판단 결과에 따라 다양한 기계장치들의 작동 여부가 결정된다. 스마트주택의 인공지능이라면 현재 집 안에 있는 사람이 누구인지 판단하고, 그의 동선에 맞춰 온도와 습도, 조명을 설정한다. 에어컨이나 히터, 각종 조명장치는 인공지능의 명령에 맞춰 가동될 것이다. 사물인터넷은 인공지능과 에어컨, 사물의 두뇌와 손발을 이어주는 기술이다.

알렉사의 경우도 마찬가지다. 정보통신 기술의 발전으로 인공지능과 결합하면서 사물인터넷에 대한 관심이 뜨거워지지만 사실 이 기술은 오래 전부터 활용되어 왔다. RFID(무선주파수를 이용한 전자태그)나 USN(센서에서 감지한 정보를 무선으로 수집하도록 구성한 네트워크) 등이 그것이다. 특히 M2M(Machine to Machine)은 사물인터넷과 유사한 개념으로 혼용되기도 한다. M2M이 순수하게 사물과 사물의 연결에 초점을 맞춘 용어인 것과 달리 최근의 사물인터넷은 최종 사용자인 인간 중심 개념이라는 것이 차이점이다.

사물인터넷에서 '사물'은 어떤 물체도 될 수 있다. 집이나 도시처럼 거대한 것일 수도 있고, 볼펜이나 넥타이핀처럼 작은 것일 수도 있다. 스마트공장에서도 사물인터넷 기술은 매우 중요하다. 아마존의 물류창고에는 약 4만 대의 로봇 '키바'가 배치되어 있다. 로봇청소기처럼 생긴 키바들은 서로 소통하며 넓은 물류창고에서 각자 필요한 상품을 찾아낸다. 아마존 창고의 물류 순환속도는 60~75분이었는데, 키바를 도입하면서 15분대로 줄어들었다. 사람들이 부대끼며 뛰어다니지 않아도 되기 때문에 공간 활용도도 50% 이상 향상되었다. 키바들은 쉬지 않고 움직이지만 서로 충돌하지 않는다. 사물인터넷으로 소통하기 때문이다.

사물인터넷 시장 규모는 아주 크고 발전 속도도 매우 빠르다. 세계 정보통신시장의 성장률은 연간 3.2% 수준인데 비해 사물인터넷의 그것은 26%나 된다.

사물인터넷 시장은 크게 단말기(디바이스), 네트워크, 플랫폼, 서비스의 네 가지 부문으로 분류할 수 있다. 단말기는 정보를 주고받을 수 있는 제품, 네트워크는 사물의 연결을 지원하는 통신 인프라, 플랫폼은 인터넷에 연결된 센서 등으로부터 수집한 정보를 가공 또는 융합하거나 서비스나 앱에 연동시키는 기술, 서비스는 앞의 세 가지 기술을 연동하여 지능화된 유무선 서비스를 제공하는 사업을 뜻한다.

스마트워치를 예로 들어보자. 스마트워치가 단말기, 스마트워치가 작동하도록 지원하는 통신 서비스가 네트워크, 스마트워치의 데이터를 활용한 헬스케어 시스템이 플랫폼, 헬스케어 시스템을 발전시키면 서비스가 된다.

세계 어디에서나 초기에는 단말기가 시장의 90% 이상을 차지했지만 점점 플랫폼과 서비스의 비중이 높아진다. 2017년에 정보통신산업진흥원은 사물인터넷 실태를 조사하고, 우리나라의 사물인터넷 기술 수준이 82.9%라고 발표했다. 이 수치는 세계 최고의 기술국가인 미국을 100%로 설정해서 비교한 것인데, 일본은 84.5로 평가되었다. 우리나라는 85.1%의 네트워크 부문에서만 일본(84.0%)보다 높았고, 서비스(83.5%/84.5%)와 단말기(83.2%/86.4%), 플랫폼(79.6%/82.8%) 부문에서는 모두 일본보다 뒤처졌다. 특히 취약해 보이는 플랫폼 시장을 강화할 필요가 있다. 플랫폼 사업에서는 데이터의 수집과 해석, 처리 및 가공이 특히 중요하다.

　인공지능에 대한 논의에서 살펴보았듯 데이터는 주로 텍스트와 소리로 입출력된다. 인공지능 스피커인 알렉사 자체는 단말기에 해당하지만 알렉사에 전달되는 음성 명령들은 플랫폼 사업의 가장 중요한 자산이 된다. 이들이 바로 빅데이터의 기반이기 때문이다. 사물인터넷에서도 소리의 수집과 가공은 핵심적인 기술이다.

빅데이터와 새로운 소리

　데이터는 정보다. 굳이 4차 산업혁명 시대가 아니더라도 정보가 중요하지 않았던 적은 인류 역사상 단 한 순간도 없다. 예나 지금이나 전문가가 중요하긴 마찬가지지만 그 성격은 다르다. 예전에는 '어떻게 해야 하는지'에 대한 구체적 정보를 많이 가진 이가 전문가였다. 하지만 이제 '정보가 어디 있는지' 잘 찾는 이의 역할이 더 커지고 있다. 전문가의 자질이 노하우(Know-How)에서 노웨어(Know-Where)로 전환된 것이다. 변화의 원인은 데이터 풀이 생겨났기 때문이다. 이제 영화시장에선 네이버 평점이 영화평론가들보다 훨씬 중요한 역할을 수행하고 있다. 빅데이터가 전문가의 의견보다 정확할 수 있기 때문이다. 4차 산업혁명 시대에 빅데이터는 모든 분야에서 중요하다. 소리에 대한 빅데이터도 그 가운데 하나다.

　전통적인 자동차는 내연기관인 엔진에 의해 작동한다. 시동을 걸면 특유의 엔진음이 발생하고, 엔진은 열을 받으면서 더 강력한 출력을 내뿜는다. 그런데 전기자동차는 이런 과정을 거치지 않아도 된다. 엔진음을 낼 필요도 없고, 예열 단계가 필요 없기 때문에 슈퍼카보다도 뛰어난 제로백 성능을 내곤 한다. 하지만 소리 없이 발진하면 운전자와 보행자 모두에게 불안감을 주게 된다. 그래서 세계적인 자동차 브랜드들은 전기자동차에 인위적으로 엔진음을 심는다. 그런데 한국과 유럽, 미국에서 선호하는 엔진음은 다르다. 휴대폰 벨소리의 선호도도 지역이나 연령대에 따라 달라지는데, 자동차의 심장 박동소리라면 차이가 더욱 클 수밖에 없다. 예전 같으면 지역 전문가와 자동차 전문가 몇 명이 모여서 엔진음을 결정했을 것이다. 하지만 이제 타깃의 지역별, 연령별, 소득별, 성별에 따른 엔진음의 선호도를 빅데이터 분석으로 확인할 수 있다. 매우 사실적인 입체음향의 구현이 가능해지면서 이 분야에 대한 데이터들도 점점 중요해질 전망이다.

 영화의 경쟁력은 감독의 연출력이나 시나리오 작가의 구성 능력, 배우의 연기력으로만 결정되지 않는다. 촬영감독의 앵글 설정이나 조명감독의 라이트 세팅, 음향감독의 소리 구성능력도 매우 중요하다. 그런데 이제 극장, 홈시어터, 모바일 디바이스에서의 소리가 통째로 뒤바뀌고 있다. 변화에 발맞추어 12채널, 16채널, 32채널에서 소리를 어떻게 배치했을 때 관객의 몰입도가 높아지는지 데이터를 수집해서 활용해야 한다.

음반이나 게임 시장에서도 효율적인 소리 활용의 데이터는 점점 더 중요해질 것이다. 그런데 모든 미디어 시장의 소리를 아우르게 될 음향 저작 도구 개발회사가 대한민국의 기업이다. 소리의 알고리즘을 보유한 회사가 극장, 방송, 모바일 디바이스의 소리 관련 정보의 수집 및 분석 그리고 해석에서 가장 높은 고지를 선점한다는 건 분명해 보인다. 이는 우리가 한류 열기를 더욱 강화해서 미디어 강국으로 확고하게 자리 잡을 수 있는 기회 요소다. 국가 차원의 지원과 기업의 적극적인 노력으로 기회를 놓치지 말아야 한다.

빅데이터는 모든 분야에서 활용된다. '2018 러시아월드컵'에서 선수들의 유니폼에는 센서가 장착되어 있었다. 선수들의 움직임은 센서를 통해 데이터로 변환되어 수집되었다. 이런 정보가 있었기 때문에 중계방송의 해설위원들이 선수의 이동 거리를 이야기할 수 있었던 것이다. 이 데이터를 잘 활용한다면 조만간 월드컵의 관전 방법이 완전히 달라질 수도 있다. 지금까지 우리는 TV를 통해 경기를 평면적으로만 관전해왔다. 그런데 경기 데이터를 가상현실의 영상과 음향 소스로 활용한다면 경기장 안에서 게임을 관람할 수 있게 된다.

가상현실/증강현실(VR/AR)과 새로운 소리

가상현실과 증강현실은 4차 산업혁명의 미디어 분야에서 차세대 기술로 각광받고 있다. 가상현실은 현실과 구분되지 않을 만큼 정교한 입체적 영상 또는 음향 기술을 말한다. 2014년, 페이스북이 가상현실용 헤드기어 제조사인 오큘러스를 23억 달러에 인수하면서 세상은 가상현실에 주목하게 되었다. 증강현실은 현실에 가상의 이미지를 덧대는 기술인데, 포켓몬Go가 대표적인 히트상품이다.

현재 가상현실을 대표하는 이미지는 고글 형식의 헤드기어인 헤드 마운트 디스플레이(HMD)다. HMD를 착용하면 고해상도의 입체 화면과 사운드를 즐길 수 있다. 특히 HMD를 장착한 채로 고개를 돌려 뒤쪽 영상을 확인하거나 화면을 따라 이동하면서 느끼는 몰입감은 현실과 구분하기 힘들 정도다. 그래서 초기의 가상현실 시장은 하드웨어를 중심으로 구성된다.

한국VR산업협회의 조사에 따르면 2016년 한국 가상현실의 시장 규모는 11억 달러인데, 하드웨어가 전체 시장의 92%를 차지했다. 하지만 시간이 지날수록 소프트웨어나 콘텐츠의 중요성이 훨씬 커질 것이다. 그래서 세계의 IT기업들은 가상현실 또는 증강현실에 적극적으로 투자하고 있다.

구글은 유튜브에 가상현실 전용 플랫폼인 '점프'를 개설했고, 페이스북은 오큘러스의 자체 플랫폼 구축에 힘쓰고 있다. 마이크로소프트의 X박스 360과 연동해서 콘솔 시장에도 조만간 진출할 예정이다. 애플은 아이폰과 연동하는 스마트 안경과 가상현실 카메라 개발에 열을 올리는 한편 2017년에는 iOS용 증강현실 앱 개발 툴인 AR 킷을 공개했다. 플레이스테이션의 소니와 엑스박스의 마이크로소프트도 가상현실 콘텐츠를 확대하기 위해 게임 콘텐츠 회사들과 힘을 합하고 있다.

스마트폰 제조사도 적극적이다. HMD가 예전의 TV라면 스마트폰은 가상현실 콘텐츠를 재생할 소스 기기에 해당하기 때문이다. 문제는 HMD의 '소리'다. HMD에서 소리를 내주는 스피커의 위치는 고정되어 있다. HMD를 착용한 사용자가 고개를 좌우 또는 뒤로 돌리면 좌우 또는 뒤의 영상이 눈에 들어온다. 그런데 HMD도 사용자를 따라 좌우 또는 뒤로 움직이기 때문에 소리의 방향성이 복잡한 문제가 되어버린다.

가상현실이나 증강현실에서 소리의 방향성 문제를 해결하는 건 아주 중요한 이슈다. 영상은 사용자의 변화에 상관없이 고정되어 있지만, 소리는 사용자의 변화에 따라 같이 변화하는 것이 문제인 것이다. 결국, 영상은 가상현실을 실현했지만, 소리 때문에 가상현실이 깨져버리고 만다. 여기서도 고정된 영상에 정확히 매칭되는 음향, 즉, 고도의 입체 기술을 이용한 '실감음향'이 필요한 것이다.

대한민국의 소닉티어는 입체 포인트를 지정하는 방식으로 이 문제를 해결했다. 바로 사운드 어드레스(Sound Address) 기술이다. 소닉티어가 또 하나의 세계적 경쟁력을 확보한 지점이다.

앞으로의 블록체인과 미디어 시장

2017년에서 2018년까지 가상화폐 열풍이 대한민국을 휩쓸고 지나갔다. 가상화폐를 둘러싼 찬반양론은 아직까지 완전히 정리되지 않았는데, 반대론자도 가상화폐의 핵심인 블록체인 기술까지 부정하진 않는다. 블록체인은 정보를 분산 관리하는 기술인데, 중앙에 정보가 집중되지 않기 때문에 해킹에서 비교적 자유롭다. 연결된 많은 컴퓨터들이 비교검증하기 때문에 정보가 소수의 권력자들에 의해 왜곡되지 않도록 한다는 것도 장점으로 꼽힌다.

해킹으로부터의 자유와 안전성, 그리고 신뢰성 때문에 블록체인 기술은 가상화폐뿐만 아니라 일반 금융권에서도 활용 범위를 넓혀가고 있다. 그런데 블록체인 기술이 꼭 금융 분야에서만 한정지어 사용되는 건 아니다. 블록체인 기술은 영화, 음악, 게임 등의 유통에서도 효과적으로 사용 가능하다.

미디어산업의 종사자 대부분은 공통된 고민을 가지고 있다. 예전에는 영화를 보려면 극장에 가거나 비디오테이프 또는 DVD를 구매하거나 대여해야 했다. 음악을 듣기 위해서도 음반 구매비용을 지불해야 했다. 소비자들은 일정한 비용을 지불하고 문화콘텐츠를 소비했다. 그런데 디지털시대에 접어들면서 문화콘텐츠의 불법 복제본 문제가 심각해졌다. 문화콘텐츠의 공급자들은 노력을 정당하게 보상받지 못할 상황에 처했고, 장기적으로는 문화생태계가 파괴될 위기가 발생한 것이다.

블록체인 기술은 이에 대한 해법이 될 수 있다. 가상화폐의 핵심은 화폐의 총량을 유지할 수 있다는 점이다. A가 B에게 가상화폐를 건네면, A의 주머니는 비고 B의 주머니는 찬다. 가상화폐의 자리에 영화나 음반, 게임 등을 대체하면 블록체인과 소리의 상관관계가 분명해진다. 콘텐츠를 무한 증식시키지 않으면서 이전하는 게 가능하기 때문에 콘텐츠의 공급자들은 자신들의 노력에 대한 올바른 보상을 받을 수 있다. 블록체인 기술을 적극적으로 활용하면 문화생태계를 보호하면서 시장을 키우는 게 가능하다. 반대로, 좋은 콘텐츠가 다수 유통된다면 블록체인 기술 발전에도 날개를 달게 된다.

블록체인 기술과 문화콘텐츠는 상호보완적인 관계다. 소리는 이미지나 내러티브와 마찬가지로 콘텐츠산업을 구성하는 핵심요소이자 콘텐츠의 퀄리티를 결정하는 변수다. 블록체인은 기술적 복잡성 때문에 일반인이 접근하기 어려운 대상이다. 하지만 문화콘텐츠라는 친근한 옷은 블록체인 기술을 빠르게 확산시킬 비밀병기가 될 수 있다.

자율주행자동차, 4차 산업혁명의 아이콘

자율주행자동차는 4차 산업혁명의 모든 핵심기술을 집약해놓은 듯하다. 자율주행자동차는 빅데이터에 따라 주변 차량이나 도로와 사물인터넷 기술로 정보를 주고받는다. 자동차는 탑승자 대신 인공지능에 의해 운행된다. 인공지능에 운전의 번거로움은 물론 탑승자와 보행자의 안전까지 위임하는 것이기 때문에 자율주행자동차에 도입되는 기술은 매우 조심스럽게 적용된다. 하지만 테슬라모터스의 일론 머스크는 4차 산업혁명의 기술에 자신감을 표하며, 앞으로 사람의 운전이 불법으로 지정될 수 있다고까지 주장한다. 시장 전망도 미래의 도로를 자율주행자동차가 장악할 것으로 분석하고 있다.

보스턴컨설팅그룹의 전망에 따르면, 자율주행자동차의 시장규모는 2025년의 50조 원을 거쳐 2035년에 90조 원 규모로 성장할 것으로 예측된다. 또, 2025년의 전체 운행 자동차에서 4분의 1은 자율주행자동차일 것이라는 분석도 내놓았다. (완전한 자율주행자동차와 부분적인 자율주행 기능 지원 차량의 비율은 4:6 정도였다.)

네비건트 리서치(Navigant Research)의 자율주행자동차 보급률 예측은 한걸음 더 나아갔다. 2025년에는 4%로 보스톤컨설팅그룹의 주장보다 낮지만 2030년 41%, 2035년 75%로 매우 빠르게 시장을 장악해나가리라고 전망한 것이다. 상대적으로 보수적인 답변을 내놓은 맥킨지도 2030년에는 자율주행자동차가 본격적으로 상용화되기 시작해서, 2040년에는 자율주행자동차가 미국 차량의 75%를 차지할 것이라고 예측했다.

그렇다면 자율주행자동차의 탑승자는 차량이 운행되는 동안 무엇을 할까? 아마도 음악이나 영화, 게임 등의 여가생활을 즐기지 않을까? 지난 세기에도 카오디오는 많은 사람들의 취미였다. 자동차처럼 소리의 앙상블을 즐기기 적합한 밀폐 공간도 드물기 때문이다. 설령 자동차를 이동하는 사무실로 활용한다고 해도 마찬가지다. 개인 사무실에 음악이 없다면 오히려 삭막하지 않을까? 자율주행자동차 내부 전체가 하나의 개인 영화관이 될 수도 있다. 자율주행자동차 자체가 움직이는 미디어 단말기가 될 수도 있다. 그 때의 영상과 실감음향의 중요성은 아무리 강조해도 지나치지 않는다.

음악이 아니어도 자율주행자동차에서 소리는 중요한 경쟁 요소다. 지금은 내비게이션에 글자로 목적지를 써넣지만 앞으로는 사람의 목소리로 명령하는 풍경이 더 흔해질 것이다. 목적지를 변경하거나 전화 연결을 하거나 도착지의 날씨정보를 검색할 때에도 차량과 사람은 소리로 소통할 것이다.

4차 산업의 주인공은 소리산업이 아니다. AI, IoT, 빅데이터, VR/AR, 블록체인, 자율주행자동차 등이 주인공이다. 그들은 그들의 영역에서 경쟁하며 그들의 리그전을 할 것이다. 그러나 그들의 리그에서 결국 맨 마지막의 킬링 어플리케이션은 소리이다. 4차 산업의 모든 분야에서 소리가 사용되고 고도의 입체감을 갖는 실감음향 기술은 그들의 경쟁을 결정할 수도 있는 아주 중요한 포인트이다. 이처럼 4차 산업혁명이 각각 그들의 분야에서 경쟁하고 가속되어 발전할수록 소리의 효용성은 우리의 상상력을 뛰어넘을 것이다. 바야흐로 '소리의 시대'가 다가오고 있는 것이다.

행복을 추구하는
감성소리의 시대를 연다

문명은 물가에서 일어났다. 부족과 씨족은 생명의 원천인 강이나 하천 유역에 터를 잡았다. 이들은 어느 날 강의 상류 또는 하천의 건너편에 자리를 잡은 다른 부족과 씨족을 발견하고 경계심을 곤두세웠을 것이다.

문명은 서로 다른 부족들의 관계 속에서 태어났다. 관계의 양상은 그때그때 달랐다. 때로는 부족 연합과 결혼 동맹이라는 평화로운 모습을 띠었고, 때로는 전쟁과 복속이라는 핏빛 내음을 풍기기도 했다. 그런데 언어와 문자가 제대로 확립되기도 이전인 선사시대에 두 집단은 어떻게 상대의 우호적이거나 적대적인 분위기를 파악할 수 있었을까? 서로에 대한 판단이 있은 다음에야 동맹이나 전쟁을 결정할 테니 말이다.

아마도 그들은 서로의 얼굴 표정이나 몸짓에서 감정을 읽고, 목소리의 높낮이로 상대의 속내를 추측했을 것이다. 언어가 생기기 이전부터 인류(또는 그 조상)는 소리로 상대의 감정을 읽었다. 말이 만들어지기 전부터 소리에는 감성이 담겨 있었다.

인간을 넘어서 세상 만물과의 의사소통은 인류의 오랜 꿈이었다. 그런데 일방적인 명령이나 정보의 송수신은 낮은 단계의 의사소통에 해당된다. 흔히 의사소통은 세 단계로 이루어진다고 한다.

듣고 말하는 것이 의사소통의 첫 단계다. 상대의 말을 듣고 그 이야기의 내용 그대로를 파악할 수 있다. 두 번째 단계는 집중과 분석이 가능해지는 수준이다. 상대의 이야기를 듣고 핵심을 파악하는 것이 가능해진다. 마지막으로 공감이 이루어지면 의사소통의 마지막 단계에 도달한 것이다.

지금 우리는 미디어의 소리가 완전히 뒤바뀌는 변화의 시기에서 있다. 음향을 입체로 구현하는 기술이 개발되었고, 그 수준은 하루가 다르게 진화하고 있다. 그런데 왜 음향을 입체로 구현해 내는 것일까? 우리는 평면적인 소리로도 충분히 의사소통해오지 않았던가? 그 이유는 간단하다.

현실의 소리들이 입체적이기 때문이다. 새들은 왼쪽에서 오른쪽으로 날아가면서 지저귀고, 시냇물은 오른쪽에서 앞쪽으로 굽이굽이 맑은 소리를 내며 흐른다. 연인은 앞에서 달콤한 목소리로 속삭이며, 등 뒤로는 바람이 상쾌하게 불어온다. 현실 속의 모든 소리는 각자 다른 서로의 방향성을 가지고 움직인다.

입체음향은 소리에 현실 같은 생동감을 부여한다. 특히 영화나 방송에서처럼 소리와 영상이 하나로 결합할 때에는 그 정도가 정점에 달한다. 현실에서 소리는 새와 시냇물, 연인과 바람 등의 형상에서 나온다. 하지만 그 모습을 미디어 콘텐츠에 담아낼 때에는 영상과 소리를 따로 채취해서 나중에 결합시킨다. 이때 입체적인 음향을 사용한다면 우리는 콘텐츠에서 현장과 같은 사실적인 느낌을 받을 수 있다. 그래서 세계의 콘텐츠 업계는 '실감음향'의 실현에 적극적으로 투자하고 있다.

2018년 현재 대한민국의 디지털 콘텐츠 시장 규모는 470만 달러 수준으로 평가된다. 이것도 결코 적지 않은 규모지만 2억 달러가 넘는 해외 시장과 비교하면 조족지혈에 불과하다.

미디어산업에서 핵심적인 경쟁력으로 떠오르는 실감음향을 효율적으로 사용한다면 대한민국은 21세기의 강력한 문화강국으로 부상할 것이며, 문화 콘텐츠는 전자제품이나 반도체 등에서 우리의 경쟁력과 결합해서 놀라운 시너지를 발휘할 것이다. 하지만 거기에서 한 걸음 더 나아가야 한다. 문명을 싹틔웠던 소리에는 감성이 담겨 있었다. '실감음향'을 구현해도 영상과 결합한 음향에 '감성'이 없다면 단순한 기계음에 불과하다.

감성음향과 4차 산업혁명의 결합도 눈여겨볼 대목이다. 4차 산업혁명은 기술을 위한 기술을 지향하지 않는다. 4차 산업혁명의 핵심은 고도화된 정보통신 기술로 인간과 사물을 연결하는 것이다. 이 연결 과정에서도 감성은 가장 중요한 요소다.

사람은 건강 이상이 발생했을 때 의사를, 법적 분쟁이 생겼을 때에는 변호사를 찾는다. 전문가의 도움을 받으면서 우리는 상담 내용뿐만 아니라 그들의 대응 태도에도 주의를 기울인다. 상대가 친절하기까지 하면 우리는 기뻐하고, 고압적으로 나오면 불쾌해 한다.

구체적인 목적을 가지고 누군가를 만나는 순간에도 사람의 감성은 작동을 멈추지 않는다. 상대의 태도, 몸짓이나 말투는 끊임없이 우리의 감성에 어떤 작용을 한다. 사람이 아닌 사물을 상대한다고 해도 상황은 마찬가지다. 사물은 몸짓보다는 문자와 소리를 의사소통의 도구로 활용한다. 이 가운데 문자에 감성을 부여하기는 쉽지 않다. 결국 미래 경쟁의 핵심은 소리다.

앞으로 우리는 인공지능과 정보 전달의 대화를 넘어서 감성까지를 나누게 될 것이다. 사물인터넷으로 연결된 가정용 조명과 여러 종류의 가전 제품들, 카메라, 그리고 온갖 기계 장치들과 쉬지 않고 대화를 나눌 것이다. 우리가 상상하는 미래의 그 때는 생각보다 빨리 다가올 것이고, 모든 의사소통의 순간에 인간의 감성은 어떻게든 반응하며 소통하게 될 것이다.

4차 산업혁명에선 어느 하나의 기술만으로 세계 시장의 주도권을 장악할 수 없다. 다양한 기술이 연결되어 상호작용하기 때문이다. 기술 하나하나의 전문성을 높이기 위한 노력도 지속해야겠지만, 다양한 기술을 아우르는 공통점이 무엇인지도 고민해야 한다. 이제 사람이 기술을 쫓던 시대는 종언을 고하고 있다. 지금은 다양한 테크놀로지가 사람을 중심으로 합종연횡하는 초고도 정보통신 사회로의 전환기이다.

사람의 중심에는 감성이 있고, 사람으로 다가가는 통로는 소리가 된다. 인공지능, 사물인터넷, 빅데이터, 가상현실, 블록체인, 자율주행자동차 등 4차 산업혁명의 총아들은 각자의 논리구조를 확장하며 발전할 것이다.

감성음향은 4차 산업혁명 결과물들의 퀄리티를 결정하는 킬링 포인트로 자리 잡을 것이고, 이 과정에 기존에는 찾아볼 수 없던 새로운 일자리가 만들어질 것이다. 대한민국이 주도한 소리산업, 이 소리산업이 이뤄낸 새로운 일자리가 얼마나 많은 가능성을 만들어낼 수 있을지는 상상만으로도 가슴 벅찬 일이다. 거듭 말하거니와 이 일자리는 완전히 새로운 일자리일 뿐만 아니라 앞으로 엄청난 부가가치를 만들어낼 수 있는 일자리이다. 나아가 이 '일'은 인간의 창조적 즐거움과도 부합하지 않는가.

4차 산업혁명 시대의 기술 가치는 얼마나 복잡하고 정교한가에 따라 결정되지 않는다. 기술을 위한 기술은 더 이상 의미가 없다. 우리의 삶에 얼마나 직접적인 영향력을 끼치는가가 중요하다.

그런 점에서 대한민국은 극장 시스템, UHD 방송, 개인 플랫폼 등 그 모든 영역에서 세계 최고 수준의 음향 기술을 확보했을 뿐만 아니라, 그 기술이 매우 직관적으로 구현된다는 사실은 놀랍다.

사람들은 새로운 소리에 전율하는 새로운 경험을 하게 될 것이다. 이 새로운 경험은 서울에서, 뉴욕에서, 로스앤젤리스에서, 런던에서, 파리에서, 모스크바에서, 베이징에서, 취리히에서, 바르샤바에서, 프라하에서, 도쿄에서 동시다발적으로 이루어질 것이다.

그리고 그 감동이 우리를 4차 산업혁명의 가장 앞자리로 이끌 것이다. 마침내 이 모든 것은 새로운 소리, 감성음향이 우리에게 선사하는 '행복'이라는 절대가치 추구를 가장 최종의 목표로 하고 있다.

EPILOGUE

소리산업의 가능성, 그리고 대한민국

　소리산업은 낯선 영역일 수도 있다. 하지만 청각은 시각과 함께 인류가 가장 적극적으로 활용해온 생존의 수단이었다. 특히 의사소통의 도구로는 보고 읽는 눈보다 듣고 말하는 귀의 역할이 더 컸다고 할 수 있다. 그럼에도 불구하고 소리산업이 낯설게 느껴지는 까닭은 '남의 산업'이었기 때문이다.

　지난 20세기 세계 소리산업 역사의 주인공은 미국이었다. 제1차 세계대전과 제2차 세계대전 등 굵직한 전쟁에서의 승리도 그렇지만 2차 산업혁명 이후 세계의 핵심 산업에서 주도권을 놓치지 않았기 때문이다. 특히 소리에 대한 기술에서 미국과 자웅을 겨룰 수 있는 나라는 없었다고 해도 무방할 정도다. 축음기를 개발한 에디슨은 미국인이었고, 전화기를 탄생시킨 그레이엄 벨도 영국에서 태어났지만 이주 과정을 거쳐 미국인이 되었다.

　라디오를 처음 개발한 곳은 유럽이지만 라디오 기술이 제대로 꽃을 피운 곳도 미국이고, 영화에 소리를 삽입하면서 세계 영화시장을 완전히 장악한 나라도 미국이었다. 스테레오 사운드의 탄생부터 1990년대 5.1채널 음향 시스템의 도입에 이르기까지 미국은 언제나 세계 소리 시장의 종주국으로 활약했다.

영화 〈1987〉에서 주인공 연희는 휴대용 카세트테이프 플레이어를 선물받고 기뻐한다. 40~50대의 많은 사람들이 비슷한 카세트테이프 플레이어에 향수를 느낄 테지만, 냉정하게 이야기한다면 그 카세트테이프 플레이어는 1980년대의 전 세계적인 상징으로 떠오른 일본 '워크맨'의 아류작에 지나지 않았다고 말할 수 있다. (물론 이러한 모방을 통해서 우리나라는 기술을 축적하고 선진국 대열에 진입할 수 있었다. 그 노력과 가치를 폄훼하는 건 아니다.)

그리고 일본의 워크맨 안에서 돌아가는 카세트테이프들 대부분에는 돌비연구소의 '돌비디지털' 마크가 붙어 있었다. 가정용 미니 콤포넌트 오디오에도 D자를 두 개 겹쳐놓은 듯한 돌비디지털 마크는 부착되어 있었다.

1990년대 후반부터 한국 영화는 세계 영화 시장의 뜨거운 감자로 떠올랐다.

〈올드보이〉는 칸영화제의 심사위원 대상을 받으며 흥행과 비평 양면에서 모두 큰 성공을 거뒀다. 영화 애호가는 이 영화의 DVD 타이틀을 구매하며 DTS, 돌비디지털 5.1이라고 써 있는 사운드 스펙을 스쳐 지나가듯 읽었다. 이게 진짜 산업의 최종적인 모습이다. 별도의 시장이 형성되었는지 지각하기조차 힘들 정도로 아주 일상적인 풍경이 되어버리는 것. 저녁을 밝히는 전구들이나 눈이 안 좋으면 당연히 써야 하는 안경처럼 옛날에는 존재하지 않았지만 어느 순간부터 우리의 일상이 되어버리는 것 이상의 산업은 없다.

'돌비디지털'의 진짜 모습은 풍경이 아니라 산업이다. 너무 익숙해서 우리가 혼동했을 뿐이다.

소리산업은 늘 그렇게 우리 주변에 존재해왔다. '소니 워크맨'이나 '마란츠 앰프', '보스의 스피커' 같은 하드웨어는 소리산업의 가장 바깥쪽에 위치한 상품들이다. 이런 상품들은 소비자와 직접 마주치기 때문에 트렌드의 영향을 많이 받는다. 또한 경쟁자들이 쉬지 않고 등장했다가 사라지고, 새로운 경쟁자가 다시 덤벼들길 반복하는 치열한 경쟁 시장이다.

　소리산업의 중앙에는 소리를 만들고, 저장하고, 보내고, 풀어내는 원천 기술이 위치한다. 돌비연구소가 가장 대표적이다. 이런 원천 기술은 시장의 '표준' 형태로 존재하기 때문에 쉽게 경쟁자가 생겨나기 어려운 닫힌 시장 구조를 띤다.

　21세기 초반의 소리 시장표준은 1990년대의 돌비연구소와 DTS가 선점했다. 이들은 5.1채널 사운드의 극장 시스템을 만들고, 가정에도 5.1채널의 홈시어터를 전파했다. 게임이나 휴대폰 등 소리와 관련된 분야는 모두 돌비연구소나 DTS의 기술을 받아들이기 위해 경쟁할 수밖에 없었다.

　지금까지 살펴본 것처럼 이제 5.1채널의 소리 시장을 뒤바꾸는 차세대 음향 시장이 형성되고 있다. 이 과정에 우리나라의 기업이 핵심적인 역할을 수행하면서, 대한민국이 세계 소리 시장에서 주도권을 행사할 수 있는 가능성이 열리기 시작했다. 더욱 중요한 건 소리 시장이 미디어산업으로 시작되지만 다른 여러 분야로까지 파급될 것이라는 사실이다.

차세대 소리 시장에서 모바일 디바이스는 아주 중요한 플랫폼으로 떠오르고 있다. 스마트폰 등 모바일 디바이스의 가장 큰 특징은 이들이 융합과 복합 장치라는 점이다. 애플리케이션 같은 장치만 추가하면 스마트폰은 카메라가 되었다가, 동영상 캠코더로 변신한다. 다시 은행 등 금융서비스 장치로 바뀌었다가 전자책이 된다. 게임기가 되기도 하고 편집 프로그램이 되기도 한다. 4차 산업혁명을 손안에 응축시킨 게 모바일 디바이스인 셈이다.

4차 산업혁명 시대에 소리는 인간과 사물을 연결해주는 가장 중요한 의사소통의 수단이 될 것이다. 그렇기 때문에 미디어산업에서 먼저 소리 시장을 선점하는 국가가 4차 산업혁명의 가장 중요한 선도 국가로 떠오를 개연성이 매우 높다.

우리나라는 미디어산업에서 소리 시장 주도권을 차지하기 적합한 여러 장점을 가지고 있다. 삼성전자와 LG전자는 안드로이드 스마트폰 시장의 최고 강자들이다. 이들은 디스플레이 시장에서의 경험을 통해 시청각 미디어의 하드웨어에 있어서 세계 최고의 경쟁력을 갖추고 있다.

미디어산업에선 하드웨어뿐만 아니라 소프트웨어가 뒷받침되어야 성공 신화의 주인공이 될 수 있다. 우리나라의 드라마와 영화, 가요 등 문화 콘텐츠는 현재 할리우드를 제외하면 세계에서 가장 영향력 있는 수준에 올라섰다.

세계 방송 시장의 새로운 표준 지정에 우리나라의 기업들이 주도적인 역할을 해왔으며, 소닉티어가 지금부터 그 기술력을 발휘할 것이다. 이제 필요한 건 기술 인력의 수급이다. 차세대 극장음향 시스템의 전문가, 차세대 극장 시스템에 맞는 영화음향 엔지니어, UHD 방송음향 전문가, 모바일 디바이스에 맞춘 이머시브 사운드의 교육 담당자 등 우수한 기술 인력을 확보하면 당장은 국내에서 소비가 일어날 것이고, 장기적으로는 해외로의 인력 수출도 가능할 것이다.

차세대 음향 전문가들은 우리나라의 국가 브랜드 가치를 높여주는 일을 하게 될 것이다. 따라서 정부, 기업, 교육기관 등 단체들은 우리나라 소리산업 발전의 토대가 될 인력 교육에 협조를 아끼지 않아야 할 것이다.

대한민국이 세계 미디어산업의 소리혁명을 주도한다면 4차 산업혁명의 소리 관련 비즈니스의 종주권까지 거머쥐는 게 꿈 같은 이야기만은 아니다. 대한민국의 진정한 도약, 그 변화는 '소리혁명'으로 시작될 것이다.

소리혁명

2018년 3월 7일 초판 1쇄 발행
2018년 9월 7일 초판 6쇄 발행

지은이 • 김재평 · 임영문 · 박준서
펴낸이 • 이동은

편집 • 박현주

펴낸곳 • 버튼북스
출판등록 • 2015년 5월 28일 (제2015-000040호)

주소 • 서울시 서초구 방배중앙로25길 37
전화 • 02-6052-2144 팩스 • 02-6082-2144

ⓒ 김재평 · 임영문 · 박준서, 2018
ISBN 979-11-87320-18-0 13320

본서의 내용을 무단 복제하는 것은 저작권법에 의해 금지되어 있습니다.
파본이나 잘못된 책은 구입하신 서점에서 교환해 드립니다.